Pferde verstehen mit Ostwind

Pferde verstehen
mit
OSTWIND

Geschrieben von
Almut Schmidt

 Dieses Buch ist auch als E-Book erhältlich.

Verlagsgruppe Random House FSC® N001967

1. Auflage 2017
© 2017 cbj Kinder- und Jugendbuchverlag
in der Verlagsgruppe Random House GmbH,
Neumarkter Str. 28, 81673 München
Alle Rechte vorbehalten
© SamFilm GmbH und © TM Alias Entertainment GmbH
Geschrieben von Almut Schmidt.
Umschlagfotos und Artwork: s. Bildnachweis S. 105
Umschlaggestaltung: semper smile, München
Fotos Innenteil: s. Bildnachweis S. 105
Bildredaktion: Almut Schmidt
SaS · Herstellung: AJ
Satz und Innengestaltung: Almut Jegodtka
Reproduktion: Lorenz & Zeller, Inning a. A.
Druck und Bindung: DZS Grafik
ISBN 978-3-570-17479-1
Printed in Slovenia

www.cbj-verlag.de

Inhalt

Vorwort 9

Die Natur des Pferdes 10

Zusammen sind wir stark 11

Platz da, hier komme ich! 15

Lauf, Pferdchen, lauf! 16

Ich habe immer Hunger 17

Extra: Der ideale Stall 19

Nichts wie weg! 22

Gähn! 22

Feinsinnige Pferde 24

Die Sprache der Pferde 27

Lautlose Verständigung 27

Das Abc der Pferdesprache 28

Körperpositionen 40

Verhaltensstörungen 42

Extra: Pferde beobachten 43

So wirst du ein Pferdemensch 44

Pferdesprache – Menschensprache 44

So „spricht" dein Körper 46

Innere Werte 47

Mein Raum, dein Raum 48

Extra: Das Pferd als Spiegel 51

Interview mit Kenzie Dysli 52

Beschäftigung mit Pferden 56

Kennenlernen 56

Bodenarbeit 58

Extra: Beine kreuzen 67

Lass uns laufen – spazieren gehen 68

Freiarbeit 69

Was tue ich, wenn mein Pferd 78

... am Stall „klebt"? 81

... häufig scheut? 81

... mich zwickt? 82

... mich beim Führen anrempelt und überholt? 84

... sich nicht einfangen lässt? 85

... am Anbindeplatz herumzappelt? 87

... die Hufe nicht gibt/zurückzieht? 88

Rauf aufs Pferd 90

Aufsteigen 91

Erste Sitzübungen 92

Es wird schneller 94

Die Zügel 96

Extra: Reiten mit Halsring 100

Ostwind und Mika – Penny und ich 102

Stichwortregister 104

Vorwort

Mit donnernden Hufen kam Ostwind auf dem Boden auf. Ohne Halt ging es weiter. Und es würde nie wieder aufhören. Mika wusste, sie waren nun unzertrennlich ...

(aus: Ostwind – Zusammen sind wir frei*)*

Mika und Ostwind sind ein Traumpaar. Und doch dauert es eine Weile, bis Mika so vertrauensvoll auf dem Rücken des Hengstes sitzen darf.

Anfangs hat Mika überhaupt keine Ahnung von Pferden. Aber sie ist neugierig und verbringt viel Zeit mit Ostwind, sitzt in seiner Box und schläft sogar im Stroh bei ihm. So lernt sie den Hengst immer besser kennen. Sie beginnt zu spüren, was in Ostwind vorgeht, und versteht, was er sagen will. Das Vertrauen zwischen ihnen wächst, und irgendwann folgt das ehemals schwierige Pferd Mika überallhin. Von nun an sind die zwei unzertrennlich.

In diesem Buch möchten wir dir zeigen, wie auch du lernen kannst, Pferde besser zu verstehen. Vielleicht gelingt es dir sogar, zu einem Pferd eine so enge Verbindung aufzubauen wie Mika. Keine Sorge: Du brauchst dafür nicht irgendwelche geheimnisvollen oder magischen Fähigkeiten. Das Wichtigste ist erst einmal Zeit. Vertrauen entsteht nicht von heute auf morgen. Halte dich wie Mika oft in der Nähe des Pferdes auf, genieße das Zusammensein mit ihm und beobachte, wie es sich verhält. Das genaue Beobachten ist wichtig, denn so wirst du immer besser erkennen, was das Pferd ausdrücken will. Wir stellen dir in diesem Buch einige typische Verhaltensweisen der Vierbeiner vor und erklären dir, was sie bedeuten.

Außerdem bekommst du Tipps, wie du deinen eigenen Körper einsetzen kannst, um deinem Pferd zu vermitteln, was du von ihm möchtest. Gegenseitiges Verstehen ist die Voraussetzung für echte Partnerschaft.

Wir laden dich ein in die spannende Welt der Pferde(sprache)!

Übrigens: Wenn wir von „deinem" Pferd sprechen, meinen wir nicht, dass es dir gehören muss. Vielleicht hast du ein Pflegepferd, oder du reitest auf einem Reitschulpferd oder besuchst regelmäßig das Pferd auf der Koppel nebenan – „dein" meint einfach das Pferd, das du magst.

Die Natur des Pferdes

Der schwarze Hengst treibt seine Stuten mit der typischen Kopfhaltung zur Wasserstelle.

Ein leichter Wind streicht durch das blühende Grün der Ebene. In der Luft liegt ein würziger Duft nach Kräutern und Erde. Nicht weit entfernt säumt dichter Nadelwald das Ufer eines kleinen Sees.

In der Nähe des Waldes grast eine Pferdeherde. Ungefähr zehn Stuten zupfen eifrig an den kurzen Halmen, manche haben runde Bäuche, andere behalten aus dem Augenwinkel ihren schon geborenen Nachwuchs im Blick. Die Kleinen schlafen lang ausgestreckt neben ihren Müttern, trinken oder spielen ausgelassen miteinander. Etwas abseits steht ein schwarzer Hengst mit einer kleinen weißen Blesse und döst. Plötzlich erweckt eine Bewegung im Wald seine Aufmerksamkeit. Sofort spannt sich sein Körper an, mit hoch erhobenem Kopf blickt er ins Unterholz. Da, ein Knacken!

Die Herde ergreift die Flucht: Vorneweg galoppiert die Leitstute, in der Mitte, eingerahmt von ihren Müttern, laufen die Fohlen. Der Hengst sichert die Herde nach hinten ab.

Nach ein paar Hundert Metern bleibt die Herde stehen, und der Hengst prüft erneut die Lage. Die Gefahr scheint gebannt. Was immer im Wald war, hat sich verzogen. Die Pferde beginnen wieder zu grasen.

Nach einer halben Stunde beschließt der Hengst, dass es Zeit für den Aufbruch ist. Zielstrebig dirigiert er seine Herde zu der Wasserstelle, an der alle ihren Durst löschen, bevor sie weiter grasend über die Ebene ziehen.

Würde Ostwind als Wildpferd leben, könnte sich die oben beschriebene Szene so oder ähnlich in seinem Leben abspielen. Als Hengst hätte Ostwind wahrscheinlich eine eigene kleine Herde, auf die er aufpassen muss – eine anspruchsvolle Aufgabe.

Dieses Beispiel zeigt dir aber auch, was Pferd-Sein ausmacht: Pferde sind Herden-, Lauf- und Fluchttiere und noch einiges mehr. In den folgenden Kapiteln schauen wir uns an, was das im Einzelnen bedeutet. Dieses Wissen um die Natur des Pferdes ist wichtig, denn nur so verstehen wir seine Bedürfnisse und Verhaltensweisen. Es ist damit die Voraussetzung zum Erlernen der Pferdesprache.

Zusammen sind wir stark

Das Pferd ist ein Herdentier

Als Herdentier braucht das Pferd Kontakt zu anderen Pferden. Allein wäre es in der Natur

Der Hengst steht etwas abseits und hat seine Herde im Blick.

verloren, es braucht den Schutz einer Herde, nur hier fühlt es sich sicher und geborgen.

Die Herde ist ein enger Verband von Tieren, die zum Teil miteinander verwandt sind. Meistens besteht sie aus einem erwachsenen Hengst, mehreren erwachsenen Stuten und deren Nachwuchs. Es gibt aber auch reine „Männerherden", dazu gleich mehr.

Manche Herden sind sehr klein und umfassen nur zwei bis drei Mitglieder. Im Durchschnitt besteht eine Pferdeherde jedoch aus zehn bis 20 Tieren.

Männliche Fohlen verlassen die Gruppe, wenn sie geschlechtsreif werden, da der Althengst die Stuten für sich behalten will.

Die meisten jungen Hengste schließen sich in „Junggesellengruppen" zusammen, die manchmal über mehrere Jahre bestehen bleiben, je nachdem, ob oder wann sie eigene Stuten finden. Auch die jungen Stuten verlassen überwiegend nach zwei bis drei Jahren die Herde, um sich einem neuen Hengst anzuschließen. In dieser Gruppe bleiben sie dann meist ein Leben lang.

Du bist mein Freund

Die engsten Beziehungen bestehen innerhalb einer Familie, also zwischen Mutter und Tochter oder zwischen Schwestern. Es gibt aber auch eng befreundete Paare, die nicht verwandt sind. Solche Freundschaften können sich zwischen zwei Stuten oder auch zwischen einem Hengst und seiner Lieblingsstute entwickeln. In menschlicher Obhut können sich auch Stute und Wallach befreunden. Diese Paare stehen häufig eng zusammen, beknabbern sich oder wedeln sich gegenseitig mit dem Schweif die Fliegen aus dem Gesicht.

Angeführt wird die Herde von einem erfahrenen Hengst, der Leithengst oder Haremshengst (Harem = *Ort für weibliche Familienmitglieder*) genannt wird. Früher dachte man, der Leithengst würde in jeder Situation alles allein bestimmen. Dann hat man herausgefunden, dass es in den meisten Herden auch eine Leitstute gibt, ein erfahrenes Tier, das die Herde z. B. zu neuen Futterplätzen führt. Daneben übernehmen auch andere Stuten in der Herde wichtige Aufgaben, wie z. B. auf Nachzügler warten oder Wache halten. Hauptsächlich aber kümmern sich die Stuten um den Nachwuchs.

Ich hab dich zum Fressen gern!

Die Hauptaufgabe des Hengstes ist es, seine Stuten zusammenzuhalten, die Herde vor Gefahr zu beschützen – und notfalls auch für sie zu kämpfen.

Das Herdentier beim Menschen

Auch wenn das Pferd bei uns lebt, sind andere Pferde für ihn der wichtigste Bezugspunkt. Der Mensch kann niemals die Herde ersetzen. Deshalb darf man ein Pferd auch nicht allein halten, es wäre dann sehr unglücklich, einsam und dauergestresst.

Allerdings ist das mit den anderen Pferden so eine Sache: Im Gegensatz zur freien Wildbahn kann das Pferd sich bei uns nicht aussuchen, wo und mit wem es sein Leben verbringt. Statt langjähriger Beziehungen zwischen Stuten und Hengst kommt es bei uns in zusammengewürfelte Gruppen, in die es mal besser, mal weniger gut passt. Nicht selten werden auch Pferderassen zusammengesteckt, die sehr unterschiedlich in ihrem Ausdrucksverhalten und ihren Bedürfnissen sind, z. B. Warmblut und Shetlandpony.

Ungünstig ist es, wenn die Gruppenmitglieder öfter wechseln, weil die Besitzer umziehen oder Pferde verkauft werden. Gerade für Stuten als „Familientiere" sind Umzüge sehr stressig.

Rassen mit ähnlichen Bedürfnissen passen gut zusammen.

Häufiger Wechsel in der Gruppe führt auch dazu, dass die Rangordnung immer aufs Neue geklärt werden muss und nie richtig Ruhe einkehrt (siehe Rangordnung, S. 15). Überhaupt gibt es in Pferdegruppen in „Gefangenschaft" deutlich mehr Streit als in frei lebenden, natürlich gewachsenen Herden. Das kommt auch daher, dass die Pferde auf viel kleinerem Raum miteinander auskommen müssen und dass das Futter häufig rationiert und damit umkämpft ist. Gerade zu Futterzeiten entstehen dann Stress und Streit.

Wie man das ändern kann? Lies weiter unter „Der ideale Stall" (S. 19). Hier sagen wir dir, wie man das Zusammenleben der Pferde gut gestalten kann.

Hengste

Einen Hengst, so wie Ostwind, wirst du in einem deutschen Reitstall selten antreffen. Die Haltung von Hengsten ist schwieriger, da man sie nicht mit Stuten zusammenlassen darf (sonst gibt es Nachwuchs) und nur manchmal mit Wallachen (es kann Streit geben). Zudem glauben viele Leute, Hengste seien gefährlich. Das stimmt allerdings nicht, vielmehr werden Hengste oft schwierig, wenn sie allein und viel in der Box gehalten werden. Was stimmt: Hengste haben von Natur aus einen starken Charakter und testen gerne, ob sie nicht auch den Menschen anführen können.

Ostwind ist ein stolzer, aber sanftmütiger Hengst.

Platz da, hier komme ich!

Die Rangordnung in der Herde

Bestimmt hast du schon mal gehört, dass das Zusammenleben innerhalb einer Herde durch eine Rangordnung geregelt wird. Die Rangordnung weist jedem Pferd einen bestimmten Platz in der Gruppe zu. So wird z. B. vermieden, dass die Mitglieder immer wieder neu „diskutieren" müssen, wer vor wem ausweicht. Die Rangordnung hilft also, Streit zu vermeiden – und spart somit Energie.

Wenn Pferd A über B steht, so darf A z. B. eher an leckeres Futter oder sich einen gemütlichen Schlafplatz aussuchen. Das klingt gut, doch ein ranghohes Pferd muss dafür auch mehr Aufgaben übernehmen, etwa Wache halten oder die Herde anführen. Ein rangniedriges Pferd hat also nicht automatisch ein schlechtes Leben, im Gegenteil. Es kann entspannt in der Gruppe mitlaufen, weil es sicher sein kann, dass andere aufpassen.

Heute weiß man auch, dass eine Rangordnung in einer Herde nicht immer gleich bleibt. Sie verläuft auch nicht streng von oben nach unten. Gerade in einer größeren Herde bilden sich vielfältige Netzwerke. Es kann sein, dass A über B und B über C dominiert, aber C wiederum über A. Außerdem kann sich der Rang eines Pferdes ändern, etwa wenn neue Herdenmitglieder hinzukommen oder wenn das Pferd älter wird.

Mach mal Platz, Kleiner, hier stehe ich.

Rangordnung im Zusammensein mit dem Menschen

Vielleicht hast du schon mal gehört, dass der Mensch dem Pferd gegenüber die dominante, also ranghohe Position einnehmen soll. Um das zu erreichen, gibt es bestimmte Übungen, wie das Join up von Monty Roberts oder die Horsemanship-Übungen von Pat Parelli.

Es ist jedoch fraglich, ob es wirklich eine Rangordnung zwischen Mensch und Tier gibt. Das Pferd sieht im Menschen sicher kein Herdenmitglied – und nur das wäre in die Rangordnung einbezogen. Zudem können wir einem Pferd längst nicht die Sicherheit vermitteln wie etwa ein erfahrener Hengst. Wir haben nicht die feinen Sinnesorgane eines Pferdes (siehe S. 24) und bemerken Dinge, die aus Sicht des Pferdes gefährlich sein könnten, gar nicht oder viel zu spät. Aus Pferdesicht sind wir also etwas beschränkt.

Statt das Pferd zu dominieren, sollten wir lieber versuchen, sein Vertrauen zu gewinnen. Das gelingt durch eine klare und gerechte Führung. So kann das Pferd uns einschätzen und lernt, dass ihm bei uns nichts geschieht. Natürlich sollte das Pferd auf uns und unsere Signale achten – genauso sollten wir aber auch seine Signale wahrnehmen und berücksichtigen.

Ziel ist nicht absoluter Gehorsam, sondern Partnerschaft.

Lauf, Pferdchen, lauf!

Das Pferd ist ein Lauftier

Für das Pferd ist viel Bewegung wichtig. Auf der Suche nach Futter und Wasser legen Wildpferde oft 20 bis 30 Kilometer am Tag zurück. Das schadet ihnen nicht, im Gegenteil. Das Grasen und ruhige Umherziehen im Schritt hält ihren Körper gesund. Der tief gehaltene Kopf spannt die Rückenmuskulatur auf, das langsame Schreiten sorgt für eine gute Durchblutung des ganzen Körpers und vor allem der Hufe. Getrabt oder galoppiert wird in der Natur meist nur im Spiel, bei Auseinandersetzungen oder bei Gefahr.

Die langsame, stetige Bewegung im Schritt ist in der Haltung beim Menschen kaum noch möglich. Viele Pferde stehen den Großteil des Tages auf kleinen Flächen, entweder in einem Auslauf oder sogar in der Box. Selbst auf einer Weide ist nicht viel Bewegung nötig, da genügend Gras auf einer Fläche zur Verfügung steht.

Das Pferd bewegt sich also wenig, aber wenn der Mensch kommt, muss es oft Vollgas geben: In einer Reitstunde soll es viel traben und galoppieren oder den Reiter in flottem Tempo durchs Gelände tragen. Das kann es nur, wenn es auf diese Aufgabe gut vorbereitet wird und seine Muskeln und Sehnen gekräftigt werden. Um Kondition aufzubauen, ei-

Schon die Kleinen legen jeden Tag viele Kilometer im gemächlichen Schritt zurück.

genen sich z. B. lange Spaziergänge mit dem Pferd, Boden- oder Freiarbeit.

Darüber hinaus ist es sehr sinnvoll, dem Pferd zu ermöglichen, sich auch ohne Reiter ausdauernd zu bewegen, z. B. in einem Paddock-Trail (siehe S. 21).

Ich habe immer Hunger

Das Pferd ist ein „Dauerfresser"

In der Natur müssen Pferde sich ihr Futter auf weiten Flächen zusammensuchen. Insgesamt nimmt das Fressen und Umherwandern den größten Teil des Tages ein: 16 bis 18 Stunden sind die Pferde damit beschäftigt, sich ihr Futter aus dem spärlichen Angebot zusammenzusuchen.

Das klingt mühsam, ist aber für das Pferd das Beste. Sein Verdauungssystem hat sich so entwickelt, dass es ständig kleine Mengen Futter braucht, um gut zu funktionieren. Pferde vertragen keine großen Mahlzeiten und dazwischen lange Pausen.

Futterpausen von mehr als vier bis fünf Stunden sind sogar gesundheitsschädlich für sie, da dann die Säure im Magen die Schleimhaut angreift – ein Magengeschwür kann die Folge sein.

Auch müssen Pferde viele, viele Stunden kauen, um zufrieden zu sein.

Und was frisst das Pferd genau?

Sein Speiseplan hängt von der Umgebung ab,

Pferde fressen nicht nur Gras, sondern auch Blätter und Rinde von Bäumen.

Richtig füttern hält Pferde gesund

Pferde fressen in freier Natur also nahezu ständig. Das entspricht ihrer Natur und ist keine Verfressenheit. In der Obhut beim Menschen bekommt das Pferd häufig zu wenig zu kauen. Es ist nämlich schwierig, das Fressverhalten aus der Natur nachzuahmen. Dort fressen die Tiere sehr lange, aber nicht besonders viel. Auf unseren Weiden hingegen wächst sehr viel Gras und noch dazu sehr nährstoffreiches. Würden die Pferde dieses 24 Stunden am Tag fressen, würden sie bald kugelrund – und krank. Der Weidegang muss also begrenzt werden, je nach Pferdetyp reichen zwei bis sechs Stunden.

Ansonsten sollten wir viel gutes Raufutter (Heu und Stroh) zur Verfügung stellen und dafür sorgen, dass das Pferd dies möglichst

in der es lebt. Es frisst Gras, Blätter, Baumrinde und ausgewählte Kräuter. Da es umherzieht, kann es sich aussuchen, was es gerade braucht.

Die Fohlen lernen von ihren Müttern, welche Pflanzen genießbar und welche giftig sind. Das Umherziehen hat außerdem den Vorteil, dass die Pferde niemals dort fressen, wo sie ihr „Geschäft verrichten", also Kot und Urin absetzen. Ganz instinktiv wissen sie, dass das nicht gesund ist, denn über den Kot könnten sie Wurmlarven aufnehmen, die sie krank machen.

Ganz wichtig ist für Pferde der Zugang zu Trinkwasser. Sie können deshalb nur in Gebieten leben, wo es Flüsse oder Seen gibt.

Ideales Weideland: weite Flächen mit magerem Gras

langsam und über einen langen Zeitraum frisst. Das gelingt, indem man über das Heu ein Netz spannt oder es in Tonnen mit kleinen Löchern füllt. So kann das Pferd immer nur einzelne Halme herauszupfen, ähnlich wie in der Natur.

Ein Pferd braucht pro Tag 1,5 kg Heu pro 100 kg Körpergewicht. Hafer oder Müsli sind für viele Freizeitpferde überflüssig, manchmal ist ein Mineralfutter sinnvoll.

Eine tolle Abwechslung im Speiseplan sind Äste von ungiftigen und ungespritzten Bäumen wie Weiden oder Walnuss.

Gerne genommen werden auch getrocknete Brennnesseln, Hagebutten und viele andere Kräuter.

Extra: Der ideale Stall

Wenn das Pferd bei uns so leben darf, dass seine Bedürfnisse möglichst gut erfüllt sind, wird das Pferd meist ruhig und ausgeglichen und dem Menschen gegenüber freundlich sein. Außerdem bleibt es so länger gesund. Auch Ostwind blüht auf, als er aus seiner dunklen Box auf die große Weide darf! Umgekehrt wird uns das Pferd nicht gut zuhören können, wenn es durch falsche Haltung gestresst ist.

mit anderen Pferden gemeinsam auf die Weide oder einen großen Auslauf kommt, nicht nur ein oder zwei Stunden, sondern am besten von morgens bis abends. Dann kann es sich genug bewegen und hat Gesellschaft.

Wenn du ein Pflegepferd hast, das viel in der Box stehen muss, frage nach, ob du mit ihm spazieren gehen oder es an der Hand grasen lassen darfst (beides erst unter

Boxenhaltung

Eine Box ist nicht grundsätzlich schlecht, wenn sie ausreichend groß, luftig und sauber ist und einen weichen Untergrund zum Hinlegen hat. Gut wäre auch, wenn das Pferd an seinem Boxennachbarn schnuppern und auf den Hof hinausgucken kann. Perfekt wäre ein kleiner Auslauf an der Box, ein sogenannter Paddock. Ganz wichtig ist, dass das Pferd in dieser Haltungsform JEDEN Tag

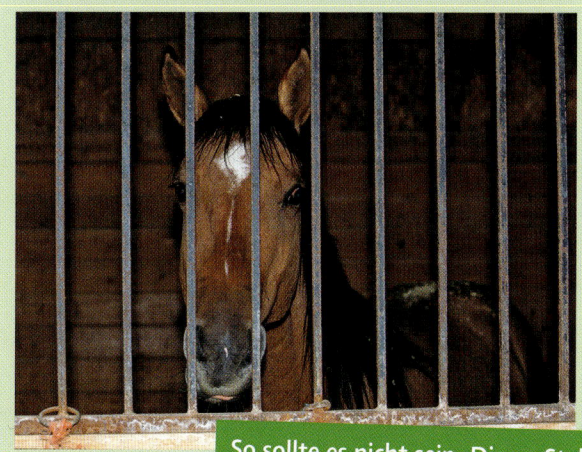

So sollte es nicht sein: Dieser Stall ist wie ein Gefängnis!

Aufsicht üben!). Das ist für das Pferd schon eine tolle Abwechslung. Und du kannst dem Besitzer sagen, dass für das Pferd mehr Auslauf sehr wichtig wäre.

Offenstall

Hier steht das Pferd mit anderen zusammen auf einem großen umzäunten Platz (genannt Paddock), auf dem sich ein Unterstand befindet. So kann es selbst entscheiden, wann es reingehen und wann es draußen stehen möchte. Manche haben auch freien Zugang zur Weide.
Das klingt gut, aber bei einem Offenstall muss man auf viele Dinge achten, damit das Pferd sich wirklich wohlfühlt und nicht gestresst wird.
Herde: Im Offenstall sollten möglichst Pferde mit ähnlichen Bedürfnissen zusammengehalten werden. Also nicht unbedingt Araber mit Islandpferden, da diese ganz unterschiedliche Raum-, Bewegungs- und Futterbedürfnisse haben. Viele Ponys stehen z. B. gern dicht zusammen, das mögen Warm- oder Vollblüter nicht besonders, sie brauchen mehr Raum. Gut wäre eine kleine Herde (ca. sechs bis zwölf Tiere) mit mehr Stuten als Wallachen, ähnlich wie in der Natur. Die Pferde sollten langsam aneinander gewöhnt werden, damit es keine Kämpfe gibt. Kranke und sehr alte Pferde haben oft schlechte Karten in einem Offenstall.
Paddockfläche: 20 Pferde auf einem kleinen Platz? Da ist Streit vorprogrammiert. Jedes Pferd sollte ungefähr 100 qm Fläche

In einem Offenstall können Pferde sich viel mehr bewegen als in der Box.

In einem Paddock-Trail laufen die Pferde von einer Station zur nächsten.

Hütten
Teich
umzäunte Buschreihe
Heuraufe
Sandplatz
Tränke
Weide 1
Hügel
Unterstand
Sandplatz
Weide 2
umzäunte Buschreihe
Heuraufe
Heuraufe

zur Verfügung haben. Und diese Fläche sollte sich im Winter nicht in knöcheltiefen Matsch verwandeln, sondern befestigt sein. Gut sind zudem Unterteilungen, z. B. mit Baumstämmen, damit die Pferde Rückzugsmöglichkeiten haben und ausweichen können.

Schlafplätze: Ganz wichtig sind ausreichend Ruheplätze! Diese müssen trocken (überdacht), weich und sauber sein. Der Boden kann z. B. mit weichen Matten, Hackschnitzeln oder Sand bedeckt sein. Jedes Pferd braucht ca. 6 qm Schlaffläche für sich. Gibt es dann noch ausreichend große Weiden (ca. 1 Hektar für drei bis vier Pferde), kann das Pferd hier glücklich werden.

Paddock-Trail

Das ist eine neue Idee für die Pferdehaltung, die sich an der Lebensweise der Wildpferde orientiert. Die Pferde leben hier wie im Offenstall ebenfalls draußen mit anderen zusammen. Das Besondere ist, dass man rund um die Koppeln Laufwege anlegt und alles für das Pferd Notwendige möglichst weit voneinander entfernt platziert, so wie auf dem Bild. Die Pferde müssen dann einige Kilometer laufen, um alle Futterstationen, die Wasserstelle und die Ruheplätze aufzusuchen. Manche integrieren noch Erdhügel, Wasserfurte, Baumstämme oder Schotterböden in den Trail („Weg"), sodass die Pferde viel Abwechslung haben. So eine Haltung ist sehr empfehlenswert!

Nichts wie weg!

Das Pferd ist ein Flucht- und Beutetier

Wildpferde können in der Natur Opfer von Raubtieren werden, wenn sie nicht aufpassen. Deshalb behalten Pferde ihre Umgebung stets wachsam im Blick. Ängstliche und unsichere Pferde ergreifen manchmal schon bei kleinsten Anlässen die Flucht. Andere erstarren zur Salzsäule und wollen nicht weitergehen. So oder so: Das Verhalten des Pferdes mag für uns übertrieben oder auch beunruhigend erscheinen – für das Pferd ist es überlebenswichtig. Es weiß nicht, dass ihm bei uns keine Gefahr mehr droht, der Fluchtinstinkt ist immer noch fest verankert. Deshalb sollte man Angst beim Pferd auch nie bestrafen oder so tun, als stelle sich das Pferd nur an. Meistens hat ein Pferd durchaus Grund für seine Beunruhigung, wir kriegen diesen bloß oft nicht mit, da unsere Sinne nicht so fein sind wie die des Pferdes.

Manchmal sind auch wir selbst die Ursache für Unruhe beim Pferd. Sind wir aus irgendeinem Grund ängstlich, werden wir flacher atmen und die Muskeln anspannen. Das Pferd spürt dies und denkt, es drohe Gefahr und wird ebenfalls ängstlich und schreckhaft. Da helfen tief durchatmen, eine Pause – und der Rat von einem verständnisvollen Reitlehrer.

Die scheue Stute 34 flieht zurück in den Wald.

Gähn!

Auch Pferde müssen schlafen

Über den Schlaf der Pferde gibt es viele Halbwahrheiten. Manche denken, Pferde schliefen nur im Stehen. Andere glauben, Pferde legten sich wie wir nachts viele Stunden zum Schlafen hin. Beides ist nicht richtig.

In der Natur legen die Pferde über Tag und Nacht verteilt mehrere kurze Ruhepausen von einer halben bis einer Stunde ein – insgesamt ungefähr fünf bis sieben Stunden. Nachts sind sie genauso aktiv wie tags und ziehen auch im Dunkeln grasend umher. Es ist also ein Irrglaube, zu denken, Pferde würden sich

Ein paar Pferde wachen, die anderen schlafen: Mittagspause einer Herde.

Tier gut aufpasst. Insgesamt schlafen Pferde meist nicht mehr als drei Stunden, verteilt auf drei bis vier Schlummer tagsüber und nachts. Wie der Stall gestaltet sein sollte, damit das Pferd gut schlafen kann, erfährst du unter „Der ideale Stall" (S. 19).

gerne die ganze Nacht gemütlich zum Schlafen in die Box legen.

Praktisch ist, dass Pferde sich durch einen speziellen Halteapparat auch in aufrechter Position gut erholen können. Trotzdem ist der Schlaf im Liegen wichtig für sie, sonst werden sie unausgeglichen. Wenn das Wetter und der Untergrund angenehm sind, legen Pferde sich also hin. Nur ganz alte Tiere, die Angst haben, nicht mehr hochzukommen, verzichten darauf.

Ein Pferdeschlummer dauert nicht länger als 20 bis 30 Minuten. In den kurzen Tiefschlafphasen legen die Pferde sich flach auf die Seite. Sie bekommen dann nichts mehr von ihrer Umwelt mit und müssen sich voll und ganz darauf verlassen, dass das wachhabende

Der Rhythmus der Wildpferde

Das Pferdeleben in freier Natur wird nie langweilig. Die Pferde ziehen tagsüber und nachts grasend umher, schlafen oder ruhen zwischendurch, spielen miteinander oder betreiben Fellpflege. In der Paarungszeit beginnt der Hengst um seine Stuten zu werben und ist außerdem damit beschäftigt, andere Hengste fernzuhalten. Manchmal gerät die Herde in Unruhe, wenn sich fremde Pferde oder gar ein Raubtier nähern. Dann flüchten alle im Galopp. Im Frühjahr werden die Fohlen geboren, und die Stuten müssen die kleinen Wirbelwinde beaufsichtigen ...

So ein spannendes Leben können wir unseren Pferden nicht bieten. Dafür haben sie bei uns Sicherheit, und eine Krankheit bedeutet nicht gleich das Todesurteil.

Wenn wir uns viel mit unserem Pferd beschäftigen, für Bewegung, eine freundliche Herde und genug Futter sorgen, wird es auch bei uns ein glückliches Leben führen.

Feinsinnige Pferde

Pferde nehmen die Welt anders wahr als wir. Sie haben z. B. ein viel größeres Blickfeld als wir und riechen und hören deutlich besser. So kommt es, dass sie manchmal vor Dingen erschrecken, die wir gar nicht bemerkt haben. Für das gegenseitige Verständnis ist es deshalb gut zu wissen, wie die Welt aus Pferdesicht erscheint.

Sehen: Pferdeaugen liegen seitlich am Kopf, wodurch die Vierbeiner fast einen Rundumblick haben. Nur direkt vor den Vorderbeinen und hinter ihrem Körper gibt es einen toten Winkel, den das Pferd aber einsehen kann, wenn es den Kopf dreht – lass das auch zu, wenn das Pferd unruhig ist.

Im Bereich geradeaus vor sich sieht das Pferd am besten, allerdings dauert es einige Sekunden, bis sich sein Blick hier scharf stellt. Deshalb schaut ein Pferd manchmal eine ganze

Wie jedes Pferd hat auch Ostwind viel feinere Sinne als wir Menschen.

Weile in die Richtung, wenn es etwas Interessantes bemerkt. Tut es das z.B. bei einem Ausritt, lass es kurz gewähren und treibe es nicht sofort weiter.

In der Ferne erkennen Pferde vor allem Bewegungen, in der Nähe auch kleinste Details – wichtig z.B. bei der Futtersuche. Allerdings ist die Pferdewelt nicht so farbig wie unsere. Sie sehen wohl Gelb und Blau gut, Rot hingegen gar nicht.

Nachts und in der Dämmerung finden Pferde sich viel besser zurecht als wir. Sie können aber nicht so schnell von Hell auf Dunkel umstellen. Laufen sie also aus dem Sonnenlicht in einen dämmrigen Stall, erkennen sie zunächst fast nichts.

Übrigens: Sehen Pferde einen Gegenstand nur von einer Seite, z.B. am Wegrand rechts, werden sie ihn auf dem Rückweg von links nicht wiedererkennen, denn ihr Gehirn hat nur die eine Seite abgespeichert. Möglicherweise erschrickt es dann erneut.

Hören: Pferde haben ein sehr feines Gehör. Ihre Ohren stehen deutlich hervor und sie bewegen sie ständig wie kleine Radarschüsseln umher, um jedes kleinste Geräusch aufzufangen. Pferde hören tiefere (Infraschallbereich) und höhere Töne (Ultraschallbereich) als wir. Man nimmt an, dass sie sogar den Herzschlag und die Atmung anderer Lebewesen in der Nähe hören können – also auch unsere. Bei Wind sind Pferde meist unruhig, da sie

Das Pferd nimmt hinter sich ein Geräusch wahr.

durch das Brausen nicht so gut hören können. Schwingungen nehmen Pferde aber nicht nur mit ihren Ohren wahr: Über ein Kissen im Huf bemerken sie Vibrationen im Boden. Schwingungen in der Luft erspüren sie mit den Tasthaaren rund um Augen und Maul. Diese darf man nie abschneiden.

Riechen: Pferde sind wahre „Nasentiere". Sie verfügen über ungefähr 80 Millionen Riechzellen, während wir nur 5 Millionen davon haben (Hund: über 224 Millionen). Pferde erschnuppern z.B. Wasserquellen in kilometerweiter Entfernung, die Qualität von Futter, entfernte Gefahren sowie Gefühle wie Angst und Wut bei Herdenmitgliedern und bei uns Menschen.

Gerne riechen sie auch an Kot und Urin von anderen Pferden, denn so können sie viel über diese erfahren.

Manchmal sieht man vor allem männliche Tiere, die ihre Oberlippe hochklappen und den Hals hochrecken. Es scheint, als würden sie lachen, aber tatsächlich riechen sie nur besonders intensiv – sie flehmen. Dabei saugen sie einen verlockenden Duft in ihr Maul und drücken ihn an den Gaumen, wo sich ein besonderes Riechorgan befindet.

Haut: Der Pferdekörper ist von Fell bedeckt, das heißt aber nicht, dass Pferde dickfällig wären.

Sie nehmen auch leichteste Berührungen wahr, etwa eine Fliege, die auf ihrem Fell landet. Deshalb reicht als Hilfe oft schon ein Anlegen von Finger oder Gerte.

Wenn ein Pferd flehmt, nimmt es gerade einen interessanten Duft wahr.

Die Sprache der Pferde

Mit einem Wiehern werden Herdenmitglieder gerufen.

Erste Anzeichen für eine Meinungsverschiedenheit

Lautlose Verständigung

Pferde kommunizieren untereinander nur wenig mit Lauten. Manchmal wiehern sie, um Herdenmitglieder zu rufen. Sie erkennen ihre Partner dabei allein an der Stimme. Auch Stute und Fohlen lernen schnell ihre jeweiligen Stimmen kennen. Mit einem tiefen Brummeln begrüßen Pferde befreundete andere Pferde. Ertönt hingegen ein lautes Quieken, ist das Pferd ärgerlich und meint damit: „Hör auf!".

Der Großteil der Verständigung läuft jedoch lautlos, über Körpersprache. Das hat auch einen Sinn: Da das Pferd in der Natur ein Beutetier ist, wäre es zu gefährlich, wenn es dauernd laute Geräusche von sich geben würde.

Pferde sind wahre Meister darin, die Körpersprache anderer zu lesen. Sie verstehen schon ganz kleine, fast unsichtbare Signale wie ein

Ohrenzucken, eine Muskelanspannung oder Gewichtsverlagerung. Diese feine Wahrnehmung bezieht sich auch auf uns Menschen, dazu später mehr.

Pferde teilen sich mit über Gesten, Ohrenspiel, Mimik (Nüstern, Maul, Augen) und Schweifstellung. Ebenso ist von Bedeutung, wie das Pferd seinen Körper gegenüber einem anderen Pferd positioniert (frontal, seitlich, von hinten ...).

Was die einzelnen Signale bedeuten, lernt das Pferd schon als Fohlen; hauptsächlich von seiner Mutter, aber auch durch das Beobachten anderer Herdenmitglieder.

In Gefahrensituationen klappt die Verständigung blitzschnell. Alle Pferde spüren gleichzeitig das Erschrecken des wachhabenden Tieres, die Angst verbreitet sich wie eine Welle innerhalb der Herde. Kein Pferd muss extra gewarnt werden, alle flüchten gemeinsam.

Das Abc der Pferdesprache

Wenn du verstehen willst, wie das Pferd mit seinem Körper „spricht", musst du es genau beobachten. Viele Signale sind ganz fein. Zeigt dein Pferd z. B. beim Putzen oder auch bei der Bodenarbeit ein Kräuseln der Nüstern oder kneift es die Lippen zusammen, ist das nicht besonders auffällig, aber dein Pferd will dir so mitteilen, dass ihm etwas nicht gefällt.

Das Mädchen ist fröhlich, aber das Pferd verzieht ärgerlich die Nüstern (Achtung, nicht am Knotenhalfter anbinden!).

Ein aufgeregtes Pferd bläht die Nüstern und hat den Kopf erhoben.

Um herauszufinden, was genau zutrifft, musst du dazu den restlichen Körper anschauen – und die Situation berücksichtigen, in der das Pferd gerade ist. Hat es sich z. B. erschreckt oder etwas furchterregendes erspäht, bläht es die Nüstern – richtet außerdem den Kopf hoch auf und hebt den Schweif. Es spannt seinen ganzen Körper an, manchmal sieht man auch das Weiße in seinen Augen.

Ein Pferd, das sich angestrengt hat (z. B. bei einem Galopp), hält den Kopf dagegen normal hoch oder sogar tief, es schwitzt vielleicht, wirkt aber nicht angespannt.

Wenn du unterschiedliche Pferde beobachtest, wird dir vielleicht auffallen, dass sich nicht jede Rasse gleich ausdrückt. Temperamentvolle Pferde, wie z. B. Vollblüter, sind in ihren Gesten oft sehr deutlich. Sind sie aufgeregt, ist das nicht zu übersehen: Sie blähen die Nüstern, kriegen große Augen, stellen den Schweif auf und beginnen zu tänzeln. Ein Kaltblüter zeigt seine Aufregung längst nicht immer so klar. Manchmal wirkt er äußerlich ruhig, obwohl er innerlich nervös ist. Er verrät seine Aufregung vielleicht nur dadurch, dass er die Nüstern minimal bläht und sein Maul anspannt. Kriegt er richtig Angst, kann so ein Kandidat förmlich erstarren und sich gar nicht mehr bewegen – während ein Araber beim kleinsten Anlass wegspringt. Deshalb ist es sehr wichtig, genau hinzuschauen und so die Eigenart jedes Pferdes kennenzulernen und seine Signale richtig zu deuten.

Schauen wir ein Pferd an, verraten uns die Ohren, der Gesichtsausdruck mit Maul, Nüstern und Augen, die Körperhaltung und der Schweif viel über seine derzeitige Stimmung. Diese einzelnen „Stimmungsbarometer" sollten wir aber immer im Zusammenhang sehen. Würde man etwa nur auf die Ohren oder die Nüstern schauen, wüssten wir nicht genau, was mit dem Pferd los ist. Geblähte Nüstern können z. B. bedeuten, dass das Pferd Angst hat. Es kann aber auch die Umgebung erkunden. Vielleicht ist es nur einmal über die Wiese galoppiert, oder es möchte spielen.

Ein höher getragener Schweif ist ein Zeichen für Tatendrang und Aufmerksamkeit. Hängt der Schweif schlapp herab oder wird gar eingeklemmt, zeigt das Resignation oder Furcht; das Pferd kann aber auch erschöpft sein oder Schmerzen haben. In höchster Alarmbereitschaft wird der Schweif kerzengerade hochgeklappt. Manchmal schlägt der Schweif auch hin und her. Ist kein äußerlicher Grund erkennbar (z. B. Bremsen oder Fliegen), zeigt das Pferd damit, dass es unzufrieden oder verkrampft ist.

Generell gilt: Je größer und imposanter das Pferd wirkt, desto angespannter, lebendiger ist es (erhobener Hals und Schweif, geblähte Nüstern); je „kleiner" es erscheint (Kopf gesenkt, Schweif und Ohren hängen herab), desto entspannter oder auch müder ist es.

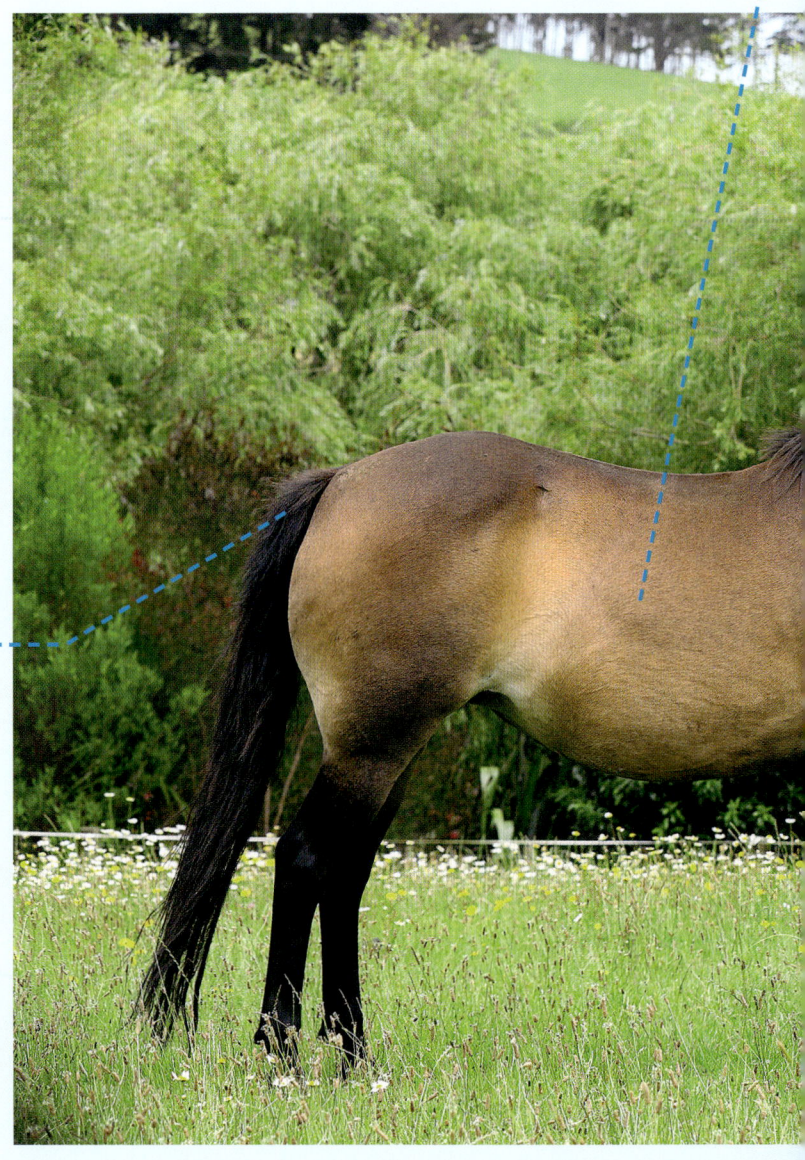

Die Ohren sind die bekanntesten Stimmungsanzeiger. Die normale Stellung ist leicht nach außen gedreht, so kann das Pferd in alle Richtungen lauschen. Sind die Ohren steil aufgerichtet, ist das Pferd aufmerksam, vielleicht auch aufgeregt. Zucken die Ohren zudem vor und zurück, heißt es Vorsicht: Das Pferd könnte gleich davonstürmen. Hängen die Ohren dagegen zur Seite, ist es entspannt oder auch erschöpft. Die Geste kann auch Unterlegenheit ausdrücken. Mit nach hinten gedrehten Ohren lauscht das Pferd auf etwas hinter sich. Flach angelegte Ohren sind eine Drohgebärde.

Das Gesicht erzählt viel. Blicken die Augen offen und klar? Oder hat das Pferd deutliche Falten oder Kuhlen über den Augen? Ist die Maulpartie entspannt oder kneift das Pferd die Lippen zusammen? Beides können Zeichen für Unwohlsein oder Schmerzen sein.

Weitere Körpersignale des Pferdes

Freundschaft und Spiel

„Hallo, wer bist Du?"
Pferde begrüßen sich, indem sie sich gegenseitig an den Nüstern beschnuppern. Hier riechen sie den Geruch des anderen am intensivsten.

„Ich mag dich."
Befreundete Pferde und Menschen werden mit gespitzten Ohren und einem tiefen Brummeln begrüßt. Auch die gegenseitige Fellpflege ist ein Freundschaftszeichen. Vertrauen signalisiert das Pferd, wenn es seinen Kopf auf Hals oder Rücken eines Kumpels oder auf die Schulter des Menschen legt.

„Spiel mit mir."

Vor allem Fohlen und jüngere Pferde zeigen das Spielgesicht: Sie werfen mit gespitzten Ohren und keckem Blick den Kopf hoch, blähen die Nüstern und ziehen die Oberlippe lang. Danach kann mit dem Freund ein spielerischer Kampf oder ein Laufspiel mit Buckeln und Haken schlagen beginnen.

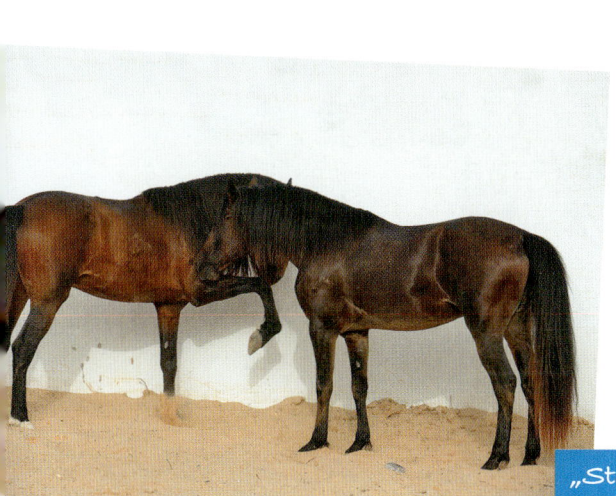

„Stopp, das reicht!"

Wird es einem Pferd zu viel und es möchte Abstand, stampft es mit dem Vorderbein auf und quiekt laut.

„Das tut gut!"

Behagt dem Pferd das Knabbern oder Putzen durch den Menschen, streckt es die Oberlippe genüsslich vor.

Unmut und Aggression

„Lass uns kämpfen!"

Hengste oder Wallache tragen eine Meinungsverschiedenheit aus, indem sie sich umkreisen, in die Vorderbeine zwicken, ansteigen und nacheinander schnappen. So ein Kampf verläuft nach bestimmten Regeln, denn ein Pferd will dem Gegner meist nicht ernsthaft schaden, sondern nur die Rangfolge klären. Ein männliches Pferd greift grundsätzlich eher mit seiner vorderen Körperhälfte an; Stuten dagegen verteidigen oder drohen gerne mit ihrer Hinterhand.

„Jetzt bin ich wütend!"

Das Pferd legt die Ohren dicht an den Kopf, zeigt vielleicht sogar die Zähne und schwenkt den Kopf zum Objekt der Wut. Zusätzlich schlägt der Schweif zur Seite, und die Hinterhand ist angespannt oder schon angehoben. Vorsicht, so eine Drohung sollte man ernst nehmen!

„Mir gefällt etwas nicht!"

Unmut wird meist erst einmal mit kleinen Gesten gezeigt. Das Pferd kräuselt z. B. die Nüstern und klappt die Ohren leicht zurück oder zur Seite, vielleicht hebt es auch abwehrend den Kopf. Reagiert das andere Pferd oder der Mensch darauf nicht, werden die Signale deutlicher. Eine andere Form des Protests ist das Aufstampfen mit einem Vorder- oder Hinterbein.

„Okay, war nicht so gemeint!"

Da Pferde grundsätzlich friedliebende Tiere sind und Streit vermeiden wollen, beschwichtigen sie ranghöhere Pferde (oder Menschen), indem sie sich z. B. die Lippen lecken, die Ohren waagerecht zur Seite klappen oder Hals und Köper abwenden. Fohlen oder auch ältere rangniedrige Pferde machen in Konfliktsituationen Kaubewegungen mit dem Maul, das bedeutet: „Ich bin klein, tu mir nichts."

„Schau mal, wie toll ich bin!"

Möchte ein Hengst einer Stute zeigen, was für ein Prachtkerl er ist, trabt er vor ihr mit schwebenden Tritten und wölbt stolz den Hals.

„Manno!"

Zeigt das Pferd eine Art Kopfschlagen zur Seite, ist es gefrustet, weil es z. B. gerade von einem Ranghöheren weggeschickt wurde.

Übrigens: Gerade wenn das Pferd Unmut zeigt, kann es sein, dass Erwachsene dir sagen, man solle solches Verhalten nicht beachten oder das Pferd sogar dafür strafen. Das ist schade und für das Pferd frustrierend. Ignoriert man ständig seine Signale, kann es sein, dass das Pferd irgendwann die Kommunikation mit uns einstellt oder ernstlich böse wird, weil es sich nicht anders zu helfen weiß. Die meisten Pferde lassen allerdings viel über sich ergehen.

Wachen und Angst

„Huí, was íst das denn?"

Fremden Dingen nähert sich das Pferd vorsichtig. Es nimmt mit geweiteten Nüstern und Augen die neuen Reize auf, bewegt sich langsam darauf zu und weicht wieder zurück.

„Ich passe auf."

Ein Pferd, das mit erhobenem Kopf dasteht und aufmerksam in die Ferne schaut, sichert gerade seine Umgebung. Pferde prüfen immer wieder, ob etwas Gefährliches in ihrem Umfeld passiert, nur so überleben sie.

„Ich habe Angst."

Gerade Pferde, die noch nicht so erfahren sind, fürchten sich schnell, z. B. wenn sie allein ins Gelände gehen sollen. Bemerkt das Pferd etwas in seinen Augen furchterregendes, wird es Kopf und Schweif heben und angespannt mit steil aufgerichteten Ohren und geweiteten Augen und Nüstern in die entsprechende Richtung schauen. Manchmal stößt es dabei auch ein heftiges Schnorcheln aus, das als Warnsignal gilt. Beginnt das Pferd zu tänzeln und mit dem Kopf zu schlagen, heißt es, Achtung: Das Pferd würde am liebsten weglaufen.

Stress und Schmerzen

„Mir tut etwas weh!"

Hat das Pferd Schmerzen, kannst du das am Gesicht sehen: Das Maul wirkt angespannt, die Nüstern sind schmal zusammengezogen oder gebläht, die Augen blicken stumpf und apathisch, die Ohren sind leicht zurückgeklappt und bewegungslos. Ansonsten kommt es auf die Art des Schmerzes an: Bei Kolik beginnt das Pferd zu schwitzen, sieht sich zum Bauch um, läuft unruhig umher oder möchte sich wälzen. Bei Rückenschmerzen drückt es den Rücken nach unten und wehrt sich gegen Putzen, Satteln und Aufsteigen. Auch Buckeln, Steigen und Scheuen können Schmerzen anzeigen. Pferde geben übrigens kaum einen Laut von sich, wenn ihnen etwas wehtut, höchstens ein leises Stöhnen.

„Ich bin unsicher und/oder überfordert."

Große akute Anspannung macht sich durch Herzklopfen, Anspannung, Schwitzen bemerkbar (siehe auch Angst); feinere Stresssignale sind z. B. ein zusammengekniffenes Maul, nervöses Ohrenspiel oder unsicher zur Seite geklappte Ohren, hektischer Augenausdruck und/oder Schweifschlagen. In oder nach Stresssituationen versucht das Pferd durch Lippenlecken/Kauen oder Kopfschütteln die Anspannung zu lösen.

Entspannung und Ruhen

„Ich bin müde."

Steht ein Pferd mit aufgestelltem Hinterbein, gesenktem Kopf, zur Seite geklappten Ohren und locker hängender Unterlippe da, ist es ganz entspannt und döst vor sich hin.

„Schnarch"

Liegt ein Pferd flach auf der Seite, befindet es sich gerade in der Tiefschlafphase. Sind die Beine unter den Bauch geschlagen, schläft es nicht ganz so fest. Achtung: Liegt das Pferd zu ungewohnten Zeiten, atmet schneller, schwitzt oder sieht sich zum Bauch um, hat es wahrscheinlich eine Kolik!

„Gähn"

Klar, das bedeutet einmal, dass das Pferd müde ist. Mehrmaliges Gähnen kann in der Herde aber auch ein Zeichen für den Aufbruch sein. Gähnen ist außerdem eine Beschwichtigungsgeste.

Mach es wie die Pferde

Nun kennst du schon viele Gesten des Pferdes und weißt, was sie bedeuten. Manche davon kannst du nachahmen, um deinem Pferd etwas mitzuteilen.

Hier ein paar Beispiele:

- In Blickrichtung parallel zum Pferd stehen, sich aufrichten und groß machen: Es geht los!
- Energisch mit dem Fuß aufstampfen: Stopp, es reicht!
- Mit der Hand eine Schnappbewegung Richtung Pferd machen (z. B. wenn das Pferd dich zwickt): Geh weg/Lass das!
- Sich selbst entspannt hinstellen, mit lockeren Schultern: Alles in Ordnung, ganz ruhig.

Körperpositionen

Je nachdem, wie ein Pferd sich einem anderen nähert, bei ihm steht oder sich von ihm entfernt, hat auch das eine Bedeutung.

Im Folgenden ein paar Beispiele:

„Stopp!": Will ein Pferd ein anderes anhalten oder eine Diskussion über die Rangfolge anfangen, nähert es sich ihm frontal von vorn und macht sich dabei groß.

„Geh weg!": Ein Pferd treibt ein anderes vor sich her, indem es leicht seitlich versetzt hinter ihm läuft, meist mit vorgestrecktem Kopf. Ein direkter Blickkontakt zu einem anderen Pferd kann ebenfalls bedeuten: Weg da!

„Ich bin dir freundlich gesonnen": Ein Pferd in freundlicher Absicht nähert sich einem anderen von der Seite.

Befreundete Pferde stehen auch gern parallel nebeneinander und fressen oder gehen nebeneinander her.

„Komm mit mir": Möchte z. B. eine Stute ihr Fohlen, das etwas entfernt steht, zum Mit-

Frontale Annäherung: Der helle Jährling sucht Streit.

40

Treiben von schräg hinten

kommen auffordern, blickt sie es an, geht vielleicht ein paar Schritte auf das Fohlen zu und wendet sich dann halb von ihm ab. Das Rückenzudrehen bedeutet: Komm mit.

Zwei Freunde wedeln sich gegenseitig die Fliegen aus dem Gesicht.

Praktisch: Das Pferd versteht es auch, wenn wir diese Positionen einnehmen. Es wird uns als harmlos einstufen, wenn wir uns von der Seite annähern, oder schneller werden, wenn wir schräg hinter ihm herlaufen. Wenden wir uns ab, folgt es uns. Mehr dazu in den Kapiteln „Bodenarbeit" (S. 58) und „Freiarbeit" (S. 59).

Verhaltensstörungen

Anfangs darf Ostwind nicht auf die Weide, weil sich alle vor ihm fürchten und keiner ihn hinausführen will. Doch durch das Eingesperrtsein wird der Hengst immer aggressiver und unkontrollierbarer – ein Teufelskreis.

Gestresste Pferde können nicht nur aggressiv werden, sondern auch andere Verhaltensstörungen entwickeln. Diese gehören nicht zu den normalen Verhaltensweisen des Pferdes und haben keinen Nutzen für das Tier. Im Gegenteil – sie können sogar gesundheitsschädlich sein.

Manche Pferde laufen z. B. stundenlang im Kreis in der Box oder am Weidezaun entlang.

Ein koppendes Pferd schluckt Luft mit einem rülpsenden Geräusch.

Andere „weben", das heißt, sie pendeln von einem Vorderbein auf das andere. Wieder andere schlagen ständig mit einem Huf gegen die Boxentür oder benagen ausdauernd Holzwände oder -stangen.

Auch das Koppen zählt zu den Verhaltensstörungen. Dabei setzt das Pferd entweder die oberen Schneidezähne auf einem Gegenstand auf und schluckt mit einem rülpsenden Geräusch Luft, oder es tut dies ohne Aufsetzen und mit zur Brust gebeugtem Kopf. Früher dachte man, Koppen würde Koliken fördern und wäre zudem „ansteckend". Beides hat sich als nicht richtig erwiesen.

Manche Pferde klappern auch beständig mit ihren Lippen oder spielen mit ihrer Zunge, rollen sie ein, lassen sie heraushängen etc.

All diese Verhaltensweisen zeigen an, dass das Pferd an seiner Umgebung leidet und dringend etwas an der Haltung oder auch im Umgang/Training verändert werden muss. Vielleicht braucht es mehr ruhige Bewegung und Zeit mit freundlichen Artgenossen, eine Trainingspause oder eine andere Fütterung (mehr Raufutter!).

Leider kann es sein, dass das Pferd diese Verhaltensweisen beibehält, auch wenn dann die Haltung verbessert wird. Deshalb sollte man sich von Anfang an um eine artgerechte Haltung des Pferdes bemühen.

Extra: Pferde beobachten

Am besten lernst du Pferde kennen, indem du sie beobachtest.

Es ist immer spannend, Pferde zu beobachten. Am besten natürlich in der Gruppe auf der Koppel oder dem Paddock, denn allein in der Box kann es nicht viel anderes tun als fressen, schlafen oder dösen.

Setz dich doch einfach mal an den Rand einer Koppel und beobachte ein halbe Stunde lang, was sich dort tut. Wer grast nah zusammen, wer sondert sich ab? Beknabbern sich zwei Pferde? Muss einer vor dem anderen weichen? Welches Pferd reagiert zuerst, wenn etwas Aufregendes passiert? Wer folgt dem anderen?

Je öfter du das machst, desto genauer wird dein Bild von den einzelnen Pferden und der Rangordnung in der Gruppe. Und du lernst immer besser, was die Pferde mit ihren Gesten sagen wollen.

In den Sommerferien kannst du auch mal eine Langzeitbeobachtung über einen ganzen Tag oder sogar Tag und Nacht machen. Dann wirst du auch herausfinden, wann und wie lange die Pferde schlafen – obwohl das nicht jede Nacht gleich ist. Notiere dir zwischendurch, was du siehst oder mach Fotos oder kurze Filme, dann kannst du später den anderen im Stall von deinen Beobachtungen erzählen.

Interessiert dich speziell das Verhalten in der Nacht, kannst du im Offenstall oder in der Box mal für ein paar Tage eine Überwachungskamera installieren.

So wirst du ein Pferdemensch

Es ist gar nicht leicht, sich nur mit Körpersprache dem Pferd verständlich zu machen.

Pferdesprache – Menschensprache

Wir Menschen verständigen uns hauptsächlich durch Worte. Daher bringen wir Pferden gerne Kommandos bei, wie z. B. „Steh" oder „Komm". Das ist auch nicht verkehrt, denn Pferde verstehen diese nach einer Weile und reagieren gut darauf. Allerdings ist mit solch einfachen Wörtern keine feine Verständigung möglich.

Mehr Erfolg wirst du haben, wenn du lernst, dich mit deinem Körper zu verständigen – so wie die Pferde. Auch wir Menschen nutzen untereinander die Körpersprache, wenn auch meist unbewusst: Bei Ablehnung z. B. verschränken wir die Arme oder wenden jemandem die Schulter zu, bei Ekel verziehen wir das Gesicht, bei Angst beginnen wir zu zittern und zu schwitzen ... Das Pferd kann deshalb unsere Stimmungen und Gefühle leicht erkennen, umgekehrt brauchst du dafür etwas Übung. Und noch mehr Übung brauchst du, wenn du dich mit körperlichen Signalen gezielt mit dem Pferd verständigen willst. Dabei gibt es nämlich zwei Schwierigkeiten:

1. Da wir es nicht gewohnt sind, mit unserem Körper „Pferdisch" zu reden, senden wir oft widersprüchliche, verwirrende Signale für das Pferd aus. Beispiel: Wir möchten, dass das Pferd losgeht, blockieren aber mit unseren Füßen oder Schultern seinen Laufweg (es reicht die gedachte Linie).

2. Wir haben keine beweglichen Ohren, keinen Schweif und stehen auf zwei statt auf vier Beinen. Unsere Ausdrucksmöglichkeiten sind aus Pferdesicht daher eingeschränkt. Mehr noch: Mit unseren Armen und Händen und den vorn am Kopf liegenden Augen wirken wir eher wie ein Raubtier.

Damit dieser Eindruck nicht verstärkt wird, solltest du im Umgang mit dem Pferd auf Folgendes achten – vor allem, wenn dich das Tier noch nicht kennt:

- Bewege dich ruhig und bestimmt. Fuchtel nicht mit den Armen, mache keine abrupten oder hektischen Bewegungen.
- Laute oder schrille Stimmen können Pferde beunruhigen, sprich deshalb mit freundlicher, tiefer Stimme. Rede auch nicht ohne Unterlass, dann wird das Pferd dir bald nicht mehr zuhören.

Erstes Beschnuppern

Unsere Hände können auf Pferde wie Krallen wirken.

- Starre das Pferd nicht an, dieses Verhalten ist typisch für Raubtiere. Versuche, mit einem weichen Blick über das Pferd zu streifen.
- Wenn du dich einem fremden Pferd nähern willst, marschiere nicht schnurstracks auf

45

es zu, sondern bewege dich in einem leichten Bogen Richtung Pferdekopf. Das entspricht dem Annäherungsverhalten der Pferde. Raubtiere dagegen sprinten direkt auf ihre Beute zu.

- Lass das Pferd an deiner Hand schnuppern, die du ihm entgegenhältst. So kann es deinen Geruch aufnehmen.
- Versuche, einen selbstbewussten Eindruck zu vermitteln: Bewege dich aufrecht und mit erhobenem Kopf, aber trotzdem locker. Wenn du dich gewandt und fließend bewegst, wird das Pferd dir eher folgen wollen, als wenn du schleppend, zögernd oder eckig gehst. Jemand, der sich im Gleichgewicht befindet, strahlt Sicherheit aus!

So „spricht" dein Körper

Dein Körper sendet dem Pferd ständig Botschaften, egal, ob du das gerade möchtest oder nicht. Vor allem in der Boden- und Freiarbeit wird dein Pferd dich genau im Blick behalten.

Im täglichen Umgang legt der Vierbeiner allerdings nicht jede Regung von dir „auf die Goldwaage". Wenn du z. B. beim Putzen den Arm hebst oder hinter oder vor das Pferd trittst, versteht es durchaus, dass das gerade nichts Bestimmtes zu bedeuten hat.

Mache dir trotzdem immer wieder bewusst,

Deine eigene Ruhe überträgt sich auf das Pferd.

wie du auf dein Pferd wirkst. Spüre in deinen Körper hinein, um herauszufinden, welche (unbewussten) Signale du dem Pferd sendest. Das Pferd achtet bei dir vor allem auf folgende Dinge:

- die Spannung in deinem Körper, z. B. in Schultern, Nacken, Bauch.
  Merkst du hier eine Anspannung, atme tief ein und versuche, die Muskeln beim Ausatmen loszulassen.
- deine Atmung: Eine ruhige Atmung zeigt deinem Pferd, dass alles ok ist
- deine Position zu ihm: Frontal zu ihm wirkst du fordernd, seitlich weniger bedrohlich, ein Abwenden wirkt einladend
- die Position deiner Schultern: Je nachdem, wie du sie drehst, können sie bremsend oder einladend auf das Pferd wirken
- die Position deiner Hüften: Auch sie können das Pferd zu dir einladen, indem du sie

zurücknimmst oder wegschieben, indem du z. B. eine Hüfte nach vorn nimmst

- die Position deiner Füße: Wenn deine Fußspitzen in einer gedachten Linie den Laufweg des Pferdes kreuzen, wirkt das bremsend
- deine Arme: Pferde reagieren schon auf Fingerzeige; abrupt erhobene Arme bedeuten: Stopp!
- auf deine Konzentration, deine Einstellung: Je klarer und ruhiger du bist, desto lieber werden sie mit dir kommen (siehe nächstes Kapitel)

Mika nimmt die Hüften zurück und verbeugt sich einladend, Ostwind kommt auf sie zu.

Mit welchen Körpersignalen du dein Pferd rückwärts oder vorwärts dirigieren kannst, es zum Mitkommen, Anhalten oder Wenden einlädst, findest du in den Kapiteln „Bodenarbeit" (S. 58) und „Freiarbeit" (S. 68).

Innere Werte

Unsere Körpersprache können wir nur zum Teil bewusst steuern. Gefühle wie Freude, Wut, Angst oder Schmerz drücken sich ebenfalls körperlich aus, vor allem durch Muskelanspannungen und Veränderungen der Atmung. Auch wenn wir sie zu unterdrücken versuchen – das Pferd bemerkt genau, was los ist. Hast du z. B. anfangs vor einem Pferd Angst, überspiele das nicht mit forschem Verhalten, das glaubt das Pferd dir nicht. Bitte stattdessen lieber einen Erwachsenen, dir zu helfen. Er wird dir zeigen, was du tun kannst, damit du dich sicherer fühlst. Diese Sicherheit wiederum spürt dann das Pferd und wird sich dir lieber anschließen.

Möchtest du mit dem Pferd etwas üben oder auf ihm reiten, ist es gut, wenn du dir vorher genau überlegst, was du machen möchtest. Eine innere Vorstellung von dem, was das Pferd tun soll, hilft euch beiden. Zum einen wirst du mit deinem Körper klare Signale senden. Zum anderen kannst du so dem Pferd gedanklich ein Bild von dem schicken, was du dir von ihm wünschst. Probierst du stattdessen irgendwelche Dinge wild drauflos, wird das Pferd verwirrt sein, weil es nicht weiß, was du möchtest – du weißt es ja auch nicht. Wichtig: Bleibe trotz Plan flexibel für die Bedürfnisse des Pferdes. Wenn etwas gar nicht klappt, versuche es ein anderes Mal.

Mika kann auch zwei Pferde frei dirigieren. Du solltest das sicherheitshalber aber nur unter Anleitung in der Halle üben.

Neben Klarheit ist auch Konsequenz im Zusammensein mit dem Pferd wichtig. Nur so kann es dich einschätzen und dir vertrauen. Erlaubst du ihm z. B. an einem Tag, an deinen Jackentaschen herumzuschnüffeln, darfst du ihm am nächsten Tag für so ein Verhalten keinen Klapps auf die Nase geben. Das würde das Pferd nicht verstehen.

Wünschst du dir, dass dein Pferd bestimmte Dinge tut, z. B. geduldig die Hufe aufhält oder in gleichmäßigem Tempo mit dir mitläuft, solltest du diese Dinge in aller Ruhe, aber konsequent üben.

Mein Raum, dein Raum

Pferde spielen in der Herde ausdauernd zwei beliebte Spiele: „Raum einnehmen" und „Wer bewegt wen?". Beide hängen zusammen. Pferde testen immer wieder, ob und wie weit sie in den Raum des anderen vordringen dürfen und ob sie ihn vielleicht von seinem Platz verscheuchen, also wegbewegen können. Das ist nicht böse gemeint, sondern Alltag in der Herde.

In der Beziehung zum Menschen versucht das Pferd ebenfalls herauszufinden, wie weit es gehen darf und ob es den Menschen bewegen kann.

Je nach Pferd können die Vorstöße vorsichtig oder recht deutlich ausfallen. Doch egal, wie „laut" dein Pferd ist: Du kannst es ziemlich beeindrucken, wenn du seine Versuche bemerkst und freundlich, aber bestimmt darauf antwortest.

Im Folgenden ein paar Beispiele für die Tests des Pferdes:

- Am Putzplatz macht das Pferd unauffällig einen Schritt dorthin, wo du gerade stehst und es putzt. Wenn du zurückweichst und deine Position verlässt, hat das Pferd deinen Raum eingenommen.
- Beim Longieren oder in der Freiarbeit: Du möchtest die Richtung ändern, indem du das Pferd durch den Zirkel wechseln lässt. Das Pferd kommt auch brav in die Zirkelmitte, geht aber so dicht an dir vorbei, dass du einen Schritt zurück machen musst – auch hier: Das Pferd hat dich verdrängt.
- Beim Spazieren: Das Pferd kommt immer näher und drängt dich von deiner Laufspur, weil es selbst dort laufen will. 1:0 fürs Pferd. Oder es wird immer langsamer oder schneller, und du passt dich seinem Tempo an – dann bewegt das Pferd dich, nicht umgekehrt.

Das Pferd fühlt sich dann aber nicht wie der zufriedene Sieger, sondern wird unsicher, weil es nicht weiß, wie es dich einordnen soll: Du sagst ihm, was es tun soll, verhältst dich aber gleichzeitig rangniedrig.

Solange die Beziehung zwischen euch beiden nicht gefestigt ist, solltest du deshalb auf die Anfragen des Pferdes immer klar antworten: Es will dich wegschieben? Bemerkst du den Versuch zu spät, gehe einen Schritt zurück, bevor es dir auf den Fuß tritt. Dann stellst du es ruhig, aber bestimmt auf seinen Platz zurück. Beim erneuten Versuch kannst du gegen seine Schulter piksen. Es will das Tempo bestimmen? Du wählst ein angemessenes Tempo und sorgst dafür, dass das Pferd es einhält. Es bedrängt dich beim Leckerli geben? Schiebe

seinen Kopf weg und warte, bis es ruhig steht. Erst dann bekommt es etwas. Es schubbert sich unaufgefordert an dir? Das Schubbern musst du nicht grundsätzlich verbieten, aber du fängst an, das Pferd zu kratzen, nicht umgekehrt.

Manche Trainer sind der Ansicht, dass das Pferd sich vom Menschen überall und jederzeit berühren lassen muss, da wir als Ranghöhere in seinen Raum eindringen dürfen. Natürlich ist es ratsam, dass das Pferd uns an jede Körperstelle heranlässt. Doch auch das Tier hat ein Recht auf seinen Raum, wir sollten also höflich anfragen, ob es z. B. gerade in Ordnung ist, es im Gesicht zu berühren und nicht einfach an seinen Ohren herumfummeln – das magst du wahrscheinlich auch nicht.

Sei höflich und vorsichtig, wenn du sensible Bereiche wie den Pferdekopf berührst.

Freundschaft mit dem Pferd

Ich hab dich gern.

Möchtest du ein verlässlicher Freund für dein Pferd werden?

Dann behandle es so, wie du z. B. deine Freundin behandelst – oder wie du selbst gern behandelt werden möchtest. Also freundlich, geduldig, gerecht und mit Respekt.

Dazu gehören auch kleine Dinge, etwa dass du nett über dein Pferd sprichst und es nicht als „Gaul" oder „Bock" bezeichnest, wie es in manchen Reitställen gemacht wird.

Schimpfe nicht mit ihm, sondern lobe es auch für Kleinigkeiten, die es gut macht: wenn es sich z. B. brav aufhalftern lässt oder willig die Hufe zum Hufauskratzen gibt. Dazu reicht es schon, mit freundlicher Stimme „brav" zu sagen oder es kurz zu streicheln.

Extra: Das Pferd als Spiegel

Pferde nehmen jede körperliche Regung an uns wahr – und reagieren darauf. Haben wir z. B. Angst, vielleicht sogar vor dem Pferd, spannen sich bestimmte Muskeln in unserem Körper an, wir atmen flacher und fangen an zu schwitzen. Bemerkt das Pferd solche Veränderungen bei uns, denkt es nicht: Aha, der Mensch hat Angst vor mir, sondern: Hilfe, der Mensch hat Angst, also droht uns Gefahr! Es wird aufgeregt den Kopf heben, sich anspannen oder den Schweif einklemmen – es spiegelt unsere Angst.

Auch Ostwind tut das sehr deutlich: Weil die Menschen sich vor ihm fürchten, bekommt auch er Panik.

Umgekehrt entspannt sich das Pferd, wenn wir selbst uns entspannen. Stehen wir ruhig auf beiden Beinen, atmen tief und haben ein Lächeln im Gesicht, wird auch das Pferd ruhig dastehen, vielleicht ein Hinterbein aufstellen und den Kopf entspannt gesenkt halten. Möchtest du dagegen vom Pferd Aktion, solltest du Energie und Lebensfreude ausstrahlen und nicht müde neben ihm herschlurfen.

Das Pferd spiegelt uns aber auch Gefühle oder Gedanken, die uns gar nicht so bewusst sind. Hast du dich z. B. morgens mit den Eltern gestritten und sehr geärgert, kann es sein, dass dein Pferd dir nachmittags lieber aus dem Weg geht, weil es deine Wut noch spürt, die du schon fast vergessen hast. Bist du zerstreut und abgelenkt, wird auch das Pferd nicht bei der Sache sein. Willst du mit deinem Pferd unbedingt etwas erreichen, was du anderen vorführen möchtest, kann es sein, dass gar nichts mehr klappt, weil dem Pferd dein Druck unangenehm ist. Bemühst du dich dagegen, dem Pferd alles recht zu machen, wird es vielleicht kein Interesse an dir haben, da du nicht weißt und zeigst, was DU möchtest.

So gibt es noch viele Beispiele, allerdings hängt nicht IMMER und ALLES von dir ab. Das Pferd hat auch ein eigenes Leben und manchmal einfach einen schlechten Tag.

Pferde spiegeln den Menschen nicht nur äußerlich, sondern auch dessen Gedanken und Gefühle.

INTERVIEW MIT KENZIE DYSLI
(Trainerin der Ostwind-Pferde)

Pferdetrainerin Kenzie Dysli mit Sasou

Für dich ist die Freundschaft mit dem Pferd ganz wichtig in deiner Arbeit. Wie werde ich ein Freund für mein Pferd?

Gerade habe ich einen jungen Rappen im Stall, der quasi wild ist, daher ist das wieder ein Thema für mich. Freundschaft fängt für mich mit der ersten Annäherung an. Schon da versuche ich, das Vertrauen des Pferdes zu gewinnen. Ich gehe zu ihm rein, nähere mich ihm und versuche zu erspüren, welchen Charakter das Pferd hat: Ist es impulsiv, schüchtern oder vorsichtig? Dabei ist es wichtig, keine hastigen Bewegungen zu machen und immer zu überlegen, wie man auf das Pferd wirkt. Mein Rappe z. B. geht bei einer unüberlegten Bewegung Richtung Widerrist gleich rückwärts.

Der nächste Schritt ist, ihn an Halfter und Seil zu gewöhnen und ihm beizubringen, sich überall anfassen zu lassen. Das mache ich ganz spielerisch, indem ich mich vortaste und probiere, ob er z. B. Streichen oder Kreisen lieber mag.

Wenn ich das grundlegende Vertrauen des Pferdes habe, fange ich an, mit ihm rauszugehen, es mit verschiedenen Gegenständen vertraut zu machen. Ziel ist, dass es mir irgendwann überallhin folgt.

Mit einem älteren, erfahrenen Pferd ist Vertrauensaufbau ebenfalls wichtig, aber es wird nicht so fein reagieren wie ein Wildpferd. Wenn du möchtest, dass es sich enger an dich bindet, konfrontiere es immer wieder mit neuen Situationen und Gegenständen – in aller Ruhe. So merkt es, dass es dir vertrauen kann. Außerdem wirkst du auf diese Weise Langeweile entgegen. Pferde entdecken gern Neues und werden neben dem Vertrauen auch Spaß mit dir verbinden.

Ostwind gehorcht Mika, also dir, auf einen Fingerzeig und folgt dir überallhin. Wie schaffe ich das mit meinem Pferd?

Wichtig ist, im Training auf kleine Gesten zu achten. Bei einem Pferd, das scheinbar stur ist, neigt man dazu, sofort mit großen Gesten recht viel Druck zu machen, anstatt fein anzufangen. Beispiel Rückwärtsrichten: Wenn ich vor dem Pferd stehe, die Hand hebe und den Finger bewege, soll das Pferd rückwärts gehen. Habe ich nun ein Pferd, das etwas abgestumpft ist (oder wirkt!), passiert es schnell, dass man es an der Brust anstupst, weil man denkt, nur so kommt eine Reaktion. Doch man sollte immer mit Stufe null anfangen, das sind bei mir die Stimme und eine Zeigebewegung mit dem Finger. Nur wenn ich „leise" anfrage, kann ich das Vertrauen des Pferdes bewahren. Eine zu heftige Geste am Anfang löst beim Pferd Misstrauen aus, weil es in Zukunft nie weiß, was von uns kommt. Reagiert das Pferd auf unsere höfliche Anfrage nicht, wiederholt man sie einfach, vielleicht etwas anders. Das Pferd kann entscheiden, ob es dem folgt oder lieber wartet, bis tatsächlich eine deutlichere Ansage kommt.

Was bringst du deinen Pferden als Erstes bei?
Die Führübungen sind für mich die Basis, anfangs am Seil, später frei. Ich befinde mich beim Führen am Hals des Pferdes, hinter den Ganaschen und vor der Schulter. Das Pferd soll in dieser Position neben mir laufen und da auch bleiben, egal, wie schnell oder in welche Richtung ich laufe.

Wie oft und wie lange trainierst du mit den Pferden?
Am Tag übe ich nicht länger als 15 bis 20 Minuten am Stück. Am besten ist sogar, wenn man noch etwas kürzer übt, aber dafür zwei Mal am Tag.
Vor dem Training werden die Pferde zehn Minuten aufgewärmt. Das ist ganz wichtig, egal, was ich mache, ob Kompliment, Hinlegen oder Freiarbeit.

Wie reagiert das Pferd auf die menschliche Körpersprache? Kannst du ein paar Beispiele nennen?
Menschliche Gesten, die das (sensible) Pferd ohne Training versteht, sind z.B. das Sich-groß-machen oder der direkte Blickkontakt. Daraufhin geht das Pferd zurück oder weg. Steht man neben dem Pferd, Schultern parallel zu denen des Pferdes und wendet sich ab, folgt das Pferd der Schulter.
Dreht man sich zum Pferd hin, bleibt es stehen oder geht zurück/weg. Alles, was mit Kleinmachen, Wegdrehen zu tun hat, lädt das Pferd ein, alles was groß und zum Pferd gerichtet ist, schickt das Pferd weg.

Auf welche körperlichen Signale achtest du beim Pferd?
Ich achte sehr auf die Mimik und die Ohren. An der Mimik sehe ich genau, was mit dem Pferd los ist: Ist es traurig oder fröhlich, ist es aufmüpfig, hat es Spaß? Ist es gelangweilt, will es gleich abhauen?
Deshalb auch meine Position hinter dem Kopf. So habe ich immer das Gesicht vom Pferd im Blick.

Gab oder gibt es Situationen, in denen du und dein Pferd euch nicht versteht? Was machst du dann?

Missverständnisse passieren oft, wenn andere etwas mit meinen Pferden machen und sich nicht so deutlich ausdrücken wie ich. Dann weiß das Pferd nicht, was es tun soll und beginnt, verschiedene Sachen anzubieten.

Arbeite ich selbst mit dem Pferd, kann es zu Missverständnissen kommen, wenn das Pferd unter Stress steht, z. B. weil alle anderen weggehen und es allein bei mir bleiben muss. Dann ist es mit den Gedanken nicht bei mir, und es wird schwierig. Genauso ist es, wenn du Sachen zu oft wiederholst. Das ist gerade bei Dreharbeiten ein Problem, da dort viele Wiederholungen gefragt sind. Für das Pferd heißt Wiederholung im Training: Das war falsch, probiere es anders. Zeigt es die Lektion aber richtig und soll sie trotzdem mehrfach wiederholen, fragt sich das Pferd: Was soll ich jetzt tun? Dann muss man irgendwann unterbrechen und dem Pferd eine Pause gönnen. Später kann man die Übung noch ein, zwei Mal abfragen, bei korrekter Ausführung loben und das Pferd so wieder richtig „programmieren".

Was waren für dich und die Pferde die aufregendsten Momente bei den Ostwind-Dreharbeiten?

Da gab es einige. Sasou (im Film die Stute „34") musste z. B. oft frei von A nach B laufen. Bei B stand ich und habe ihn in Empfang genommen. Die Wege waren aber häufig ziemlich verschlungen, es ging um Ecken, durch Türen. Manchmal war Sasou so verwirrt, dass er nicht mehr wusste, wo er hinmusste. Er ist dann herumgerannt und hat mich gesucht. Mit Geräuschen habe ich versucht, ihm den Weg zu weisen.

In der Szene, als 34 vor dem Ungarn flüchtet, läuft Sasou über eine Allee. An einer Stelle fällt Licht auf den baumbeschatteten Weg, und genau an der Stelle machte er einen riesigen Bocksprung und verschwindet dann wieder aus dem Bild – zu sehen im Film.

Auch mit James (Ostwind) gab es einen aufregenden Tag an Deck eines Schiffs. Er verhielt sich dort prima, bis uns das Benzin ausging und wir dem Wellengang ausgeliefert waren. James an der Spitze des Boots hat alle viere weit von sich gestreckt und starrte ins Wasser, als wollte er gleich reinspringen. Zwei Stuntmen und ich haben ihn gestützt. Dann kam auch noch ein Dampfer auf unser Boot zu. Er wich zwar rechtzeitig aus, aber es gab große Wellen ... James hat sich wirklich tapfer geschlagen.

Beschäftigung mit Pferden

Mika verbringt viel Zeit mit Ostwind.

Kennenlernen

Bevor du beginnst, ein Pferd zu reiten oder mit ihm Bodenarbeit zu machen, ist es schön, wenn ihr beide euch vorab näher kennenlernt. Nimm dir dafür ruhig ein paar Tage oder auch Wochen Zeit, das zahlt sich später aus. Wie baust du am besten eine Verbindung zu einem Pferd auf, das du noch nicht kennst? Eine gute Idee ist, sich öfter an den Koppel-zaun zu setzen und das Pferd zu beobachten. Mit wem steht es zusammen? Ist es eher ranghoch und verscheucht andere oder wird es verscheucht?

Steht dein Pferd in der Box, gehe zu ihm und halte ihm deine Hand zum Beschnuppern hin. Rede freundlich mit ihm. Wenn es mag und stehen bleibt, kannst du ihm auch die Mähne kraulen oder den Hals streicheln. Geht es weg, ist es vielleicht gerade müde oder möchte fressen. Dann setz dich neben die Box und beobachte es einfach nur. Du kannst ihm auch zur Begrüßung ein kleines Stück Möhre geben, dann wird es bald schon brummeln, wenn es dich sieht. Eine gute Idee ist auch, zu fragen, ob du beim Stallausmisten helfen kannst. So bist du in der Nähe des Pferdes, hast aber noch nicht direkt mit ihm zu tun. Der nächste Schritt wäre, das Pferd einmal in Ruhe zu putzen. Gehe dabei vorsichtig vor, probiere aus, wo es gern gebürstet wird und wo nicht. Hast du das ein paarmal gemacht, darfst du das Pferd vielleicht mal auf dem

Platz oder in der Halle herumführen. Wenn du schon erfahrener bist und das Pferd älter, kannst du das allein tun, sonst sollte die ersten Male ein Erwachsener dabei sein.

Mittlerweile kennst du das Pferd wahrscheinlich schon ganz gut. Du weißt, was es mag und was nicht, ob es eher aufgeweckt oder gemütlich ist, ob es alles brav befolgt oder viele eigene Ideen hat.

Als Nächstes könntest du mit ihm Bodenarbeit (siehe S. 58) oder Freiarbeit (S. 68) machen – allerdings nur unter Aufsicht. So vermeidest du, dass du unbewusst Fehler machst, die eure Beziehung belasten oder sogar gefährlich werden könnten.

Putzen ist eine prima Möglichkeit zum Kennenlernen.

Ostwind und Mika haben Spaß an der gemeinsamen Arbeit.

Manchen Pferden steht die Frage förmlich ins Gesicht geschrieben: Warum sollen sie dieses oder jenes überhaupt tun? Aus Pferdesicht sind die meisten Dinge, die wir von ihm verlangen, unverständlich.
Warum soll es ruhig die Hufe hochheben, seitlich über eine Stange treten, über Hindernisse springen oder anstrengende Trabtritte zeigen? Auch kleine Dinge wie gesittet am Halfter spazieren gehen sind für ein Pferd unlogisch, denn normalerweise würde es unterwegs stehen bleiben, fressen, schauen ...
Das Pferd tut all diese Dinge trotzdem für uns, denn es möchte „seinem" Menschen gefallen. Es kann ihm sogar Spaß machen, wenn es viel gelobt wird und das Gefühl hat, die Aufgabe bewältigen zu können. Das ist ähnlich wie bei dir in der Schule: Wenn dein Lehrer etwas Interessantes macht und dich ermutigt, wirst du gern mitmachen. Verlangt er aber schwierige Sachen, ohne sie lange zu erklären, und wird dann noch ungeduldig, wenn du einen Fehler machst, wirst du schnell die Lust verlieren – und vielleicht sogar Angst bekommen.

Bodenarbeit

Bei der Bodenarbeit sitzt du nicht auf dem Pferd, sondern führst es an einem Seil und meisterst gemeinsam mit ihm verschiedene Aufgaben. So lernt ihr euch noch besser kennen, und du merkst, wie das Pferd auf Signale von dir reagiert. Deshalb ist es eine sehr gute Vorbereitung auf das Reiten.
Auch Herr Kaan sagt zu Mika: „Das Wichtigste zwischen Reiter und Pferd ist die Beziehung. Wenn du seinen (Ostwinds) Respekt am Boden nicht hast, wirst du ihn auf seinem Rücken auch nicht bekommen."
Selbst wenn du schon reiten kannst, ist Bodenarbeit für das Pferd zwischendurch eine prima Abwechslung.
Das Pferd hat Bewegung und wird geschmeidiger, ohne das Gewicht von Sattel und Reiter tragen zu müssen.

Vor dem Reiten kommt das Kennenlernen am Boden.

Grundregeln beim Üben

- Überlege dir Abwechslungen. Übe nicht jeden Tag das Gleiche, sondern verändere die Aufgaben leicht. Aber übe auch nicht jeden Tag etwas komplett Neues, das verwirrt das Pferd.
- Übe nicht zu lange, das Pferd kann sich nur 15 bis 20 Minuten konzentrieren.

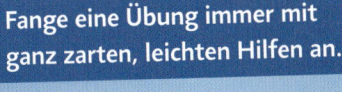

Fange eine Übung immer mit ganz zarten, leichten Hilfen an.

- Gib dem Pferd Zeit zum Reagieren, manchmal dauert es ein paar Sekunden, bis es etwas tut.
- Immer mit „leisen" Hilfen anfangen, also einem Stimmsignal und einer kleinen Geste. Stelle dir genau vor, was das Pferd tun soll, dann wird auch deine Körpersprache klarer.
- Tut das Pferd nicht, was du möchtest, hast du wahrscheinlich eine unverständliche Anweisung gegeben. Wiederhole deine Signale oder verändere leicht deine Position, drehe dich mehr nach rechts oder links, vor oder zurück, tippe das Pferd mit Hand oder Gerte an. Ausnahme: Das Pferd rempelt dich grob an, schnappt oder steigt dir auf die Füße: Dann kannst du laut „Nein!" sagen und das Pferd deutlich wegschicken.
- Versuche, kleine Ansätze zu erkennen und zu loben, also beim Rückwärtsgehen schon die Gewichtsverlagerung nach hinten oder das Anheben eines Beines.

Ausrüstung

Das Pferd sollte ein gut sitzendes, normales Stallhalfter tragen. Es darf also weder schlackern und halb über die Ohren rutschen, noch zu stramm sein. Ostwind trägt manchmal ein spezielles Halfter, ein Knotenhalfter. Das ist für Anfänger nicht geeignet, da die Knoten auf empfindliche Punkte am Kopf drücken und Schmerzen verursachen können, wenn du versehentlich zu stark oder lange am Halfter ziehst. Aus demselben Grund darf man ein Pferd an einem Knotenhalfter auch niemals anbinden.

Das Führseil hakst du in den runden Ring unten am Halfter ein. Das Seil sollte ungefähr zwei bis drei Meter lang sein. Für Bodenübungen ist eine Gerte praktisch. Sie verlängert deinen Arm, sodass du das Pferd an der Hinterhand oder vor der Brust antippen kannst.

Die passende Ausrüstung für die Bodenarbeit

Holen und aufhalftern

Wenn du das Pferd von der Weide holst, marschiere nicht schnurstracks mit großen Schritten auf es zu – das übt Druck aus. Geschickter ist es, in einem leichten Bogen auf das Pferd zuzulaufen, dann zeigt nicht deine ganze Körpervorderseite zu ihm, sondern nur deine Schulter, das wirkt weniger fordernd. Starre es nicht an, sondern schaue auf deinen Weg. Gehe in normalem Tempo, nicht eilig, aber auch nicht zögerlich. Meist wird das Pferd stehen bleiben, wenn du dich ihm so näherst. Gib ihm ein Leckerli, das merkt es sich für das nächste Mal. Keinesfalls länger mit mehreren Leckerlis füttern, das lockt die anderen Pferde an und provoziert Streit. Stelle dich neben den Pferdekopf und schiebe dem Pferd mit beiden Händen das Nasenteil vom Halfter über die Nase. Ziehe dann das Genickteil über die Ohren. Knicke die Ohren dabei möglichst wenig ab bzw. richte sie gleich vorsichtig wieder auf, wenn sie unter dem Halfter klemmen. Halfter schließen, Seil einklinken – fertig.

Führen

Auf das Führen wird oft wenig Wert gelegt. Die Pferde laufen „irgendwie" mit, manche muss man hinter sich herziehen, andere überholen ständig. Ziel ist, dass das Pferd in gleichmäßigem Abstand am durchhängenden Strick mit dir mitläuft.

Zum richtigen Führen stellst du dich links seitlich vor den Pferdekopf, etwa mit einer Armlänge Abstand. Die rechte Hand fasst den Führstrick ungefähr einen halben Meter unter

Perfekte Führposition

Hier läuft das Pferd zu dicht neben dem Mädchen. Bei einem Hüpfer nach vorn würde es das Mädchen wegstoßen.

dem Haken, die linke greift das Seilende. Hole tief Luft, straffe die Schultern und stelle dir vor, du schickst aus deinem Bauchnabel einen Pfeil nach vorn, dem ihr beide folgt. Diese feinen Zeichen reichen oft für das Pferd zum Losgehen. Klappt es nicht, unterstütze mit einem Schnalzen und eventuell einem Anlegen der Gerte. Laufe zügig los mit dem Gedanken, dass das Pferd dir von A nach B folgen soll. Die Position des Pferdes ist leicht seitlich hinter dir. Es soll sich nicht zurückfallen lassen und hinter deinem Rücken laufen, es soll auch nicht vordrängeln, sodass du auf Schulterhöhe läufst und seinen Kopf hereinziehen musst.

Wird das Pferd schneller, begrenze es vor der Brust mit der Gerte. Trödelt es, schnalze auffordernd. Reicht das nicht, tippe es mit der Gerte an der Hinterhand oder dem Bauch an, indem du dich leicht nach hinten drehst, dabei aber weitergehst. Das musst du etwas üben. Kommt das Pferd dir zu nah, bewege deine Fingerspitzen Richtung Pferdekopf und „schiebe" es mit dieser Geste nach außen. Du kannst auch das Seilende leicht in seine Richtung schwingen.
Übrigens musst du das Pferd nicht immer von links führen, probiere es auch von rechts. Das schult von euch beiden die Geschicklichkeit.

Anhalten

Vermeide, zum Anhalten am Strick zu zerren, das ist ein unschönes Kräftemessen.

Gib stattdessen ein deutliches Stopp-Signal: Drehe deine Schultern gegen die Bewegungsrichtung des Pferdes, mache mit dem rechten Bein einen Schritt halb vor das Pferd und hebe gleichzeitig die Hand mit der Gerte vor seinen Kopf: „Steh!". Lobe das Pferd, wenn es richtig reagiert. Später werden ausatmen, eine angedeutete Schulterdrehung und das Kommando „Steh" reichen.

Biegung/Wendung

Um dein Pferd aufmerksam zu machen und den Kopf leicht nach innen zu holen, zupfe kurz am Halfter. Lass dich dann neben dem Pferd etwas zurückfallen und drehe die Schultern wie auf dem Fahrrad in die Kurve. Das

Das Pferd achtet auf das Mädchen und wendet mit ihm ab.

Pferd folgt deiner Schulterdrehung und sollte nun um dich herum einen Bogen laufen.

Achte auf den richtigen Zeitpunkt: Wenn dein Pferd gerade sehr eilig läuft und nicht aufpasst, zerre es nicht am Kopf in die Kurve. Warte ab, bis du wieder seine Aufmerksamkeit hast (ein Ohr ist zu dir gedreht) und es sich auf Kopfhöhe neben dir befindet.

Drehe dich zum Anhalten vor das Pferd und hebe die Hand.

Mika kann Ostwind auch ganz frei rückwärts schicken.

Rückwärts

Lass dein Pferd ab und an ein paar Schritte rückwärts gehen, das schult seine Koordination. Rückwärtsgehen sollte nicht als Strafe angewandt werden, wie es manchmal gemacht wird! Wichtig ist, dass das Pferd locker, gelassen und möglichst gerade rückwärts geht und dabei nicht den Kopf hochreißt, sondern eher tief hält.

So geht's: Stelle dich vor das Pferd, hebe eine Hand, mache mit dem Zeigefinger eine Winkbewegung zurück und sage: „Zurück". Zusätzlich kannst du dein Gewicht nach vorn Richtung Pferd verlagern. Sobald das Pferd auch nur einen halben Schritt zurück macht, sofort loben und Pause. Das kannst du spielerisch immer wieder mal üben, bis das Pferd irgendwann drei bis vier Schritte rückwärts schafft.

Später kannst du üben, dass das Pferd auch neben dir rückwärts geht: Positioniere dich auf Kopfhöhe des Pferdes.

Gib das eingeübte Stimmsignal, hebe die

Das Mädchen verlagert sein Gewicht nach hinten und unterstützt mit dem Arm an der Pferdebrust.

Hand mit dem Zeigefinger und verlagere dein Gewicht nach hinten.

Versteht das Pferd nicht, zerre es nicht am Strick nach hinten, sondern zupfe leicht am Halfter und tippe das Pferd mit der Gerte an der Brust an.

Dein Pferd geht los, wenn du losgehst, es drängelt und überholt nicht und hält auf Kommando an?

Super, dann wird es Zeit für ein bisschen Abwechslung.

Zickzack: Gehe nicht an der Bande entlang, sondern kreuz und quer über den Platz. Wenn du das Pferd von dir weg abwenden willst, deute mit der freien Hand in die neue Richtung. Wenn du dich leicht zurückfallen lässt und die Schulter eindrehst, sollte das Pferd mit dir nach innen abwenden.

Langsam und schnell: Variiere das Tempo, gehe mal fünf Schritte ganz langsam, dann 5 Schritte normal, dann fünf Schritte schnell. Zwischendurch kannst du auch stehen bleiben. Ziel ist, dass das Pferd sich dir anpasst. Beim Verlangsamen ausatmen und leicht am Strick zupfen, beim „Hochschalten" schnalzen und evtl. kurz antippen. Achte darauf, dann auch wirklich flott mitzugehen und dem Pferd nicht bremsend „im Strick zu hängen".

„Terab": Warum nicht mal ein bisschen laufen? Lass das Pferd zwischendurch für einige Tritte antraben. Auch hier wieder: Brust raus, einatmen, Energie nach vorn schicken, schnalzen. Das Pferd sollte möglichst geschmeidig mit dir zusammen loslaufen. Tut es das nicht, folgt ein Tipp mit der Gerte. Wird es zu schnell, zupfe am Strick und pariere wieder

Mit Schwung gemeinsam über Stangen laufen

durch: Gehe leicht in die Hocke und atme aus. Dann sollte auch das Pferd in den Schritt fallen.

Rückwärts: Wenn das Pferd schon gut rückwärts gehen kann, zähle doch einmal Schritte: Gehe zuerst fünf Schritte rückwärts, dann anhalten und loben. Anschließend vier, wieder anhalten loben, dann drei, dann zwei, bis zuletzt nur noch ein Schritt rückwärts zu gehen ist. Das Ganze kannst du vorwärts wiederholen.

Slalom: Baue vier oder fünf Pylonen im Abstand von ca. drei Metern in einer Reihe auf und führe dann das Pferd im Slalom hindurch. Ist das kein Problem, versuche es einmal rückwärts. Mache das aber ganz langsam und dirigiere die Hinterhand des Pferdes vorsichtig mit Fingerzeig oder Gerte um die Kurve. Wenn ihr zwei Bögen schafft, ist das schon toll.

Stangen: Mit Stangen oder den blau-gelben Dualgassen aus weichem Kunststoff kannst du ganz viele unterschiedliche Übungen machen. Schicke das Pferd seitlich über eine Stange oder dirigiere es rückwärts zwischen zwei Stangen. Laufe mit dem Pferd im Schritt

Stangen-Geschicklichkeitstraining für Mensch und Pferd

oder Trab über hintereinander gelegte Stangen. Baue ein Labyrinth oder einen Fächer, um die Koordination und das Gleichgewicht des Pferdes zu schulen. Tolle Anregungen dazu findest du z. B. bei Linda Tellington Jones. Achtung: Da das Pferd auf den rollenden Stangen wegrutschen kann, wenn es drauftritt, lege sie etwas erhöht auf kleine Klötzchen, eingedrückte Getränkedosen oder ähnliches.

Extra: Beine kreuzen

Diese Übung macht Mika gerne mit Ostwind. Es ist gar nicht so schwierig, sie deinem Pferd beizubringen. Es gibt dazu zwei Möglichkeiten.

Bei der einen stellst du dich auf Schulterhöhe links neben dein Pferd. Nun überkreuzt du deutlich deine Beine nach links, legst dabei eine Hand an den Widerrist und drückst das Pferd sanft nach rechts. Wahrscheinlich verlagert es erst mal nur sein Gewicht kurz nach rechts. Loben. Dann einfach weiter versuchen, bis es „aus Versehen" mal den linken Huf ein Stück versetzt. Doll loben. Weiterüben, bis es einmal richtig kreuzt.

Aber nie alles an einem Tag, verteile das Üben auf mehrere Tage/Wochen!

Bei der anderen Variante stehst du vor deinem Pferd. Damit es nicht so leicht ausweichen kann, stelle es anfangs in die Ecke vom Reitplatz. Möchtest du nun, dass es nach links kreuzt, tippe es mit der Gerte an der rechten Schulter an und überkreuze selbst deutlich nach links. Wenn das Pferd erst nur das Gewicht verlagert, loben. Wenn es einen ganzen Schritt nach links macht, also nicht mehr gekreuzt steht, ebenfalls loben. Hier kannst du dann etwas später versuchen, die Bewegung in gekreuztem Zustand sanft zu stoppen.

Ostwind und Mika haben Spaß beim „Beinekreuzen".

Lass uns laufen – spazieren gehen

Eine schöne Möglichkeit, sich entspannt mit dem Pferd zu bewegen, sind gemeinsame Spaziergänge. Das Pferd sieht neue Dinge und bewegt sich längere Zeit im gleichmäßigen Schritt vorwärts, was seiner Gesundheit guttut. Aber auch wenn das wie etwas sehr Leichtes klingt: Für das Pferd kann diese Aufgabe ziemlich aufregend sein. Wenn es bisher noch nicht oft draußen im Gelände war, wird es viele Dinge als Furcht einflößend empfinden: Autos, Spaziergänger, Hunde etc.

Bitte deshalb unbedingt einen Erwachsenen, mitzukommen und gehe am besten nur mit einem anderen, sicheren Pferd-Mensch-Paar los. Für den Anfang reichen kleine Runden,

Gut vorbereitet, machen Spaziergänge Mensch und Pferd Spaß.

die du langsam steigerst, ruhig bis zu einer Stunde.

Behalte unterwegs das Pferd im Auge, starre es aber nicht an, sondern beobachte es nur aus dem Augenwinkel. Versuche zu spüren, was es am Strick tut. Schaue dich ansonsten in der Gegend um, wie es auch das Pferd tut. Lockt am Wegrand Gras, halte deine Führhand höher, damit das Pferd weiß: Fressen verboten.

Du selbst trägst feste Schuhe, in denen du gut laufen kannst. Das Pferd ist wieder mit Halfter und Führseil ausgestattet, außerdem nimm eine Gerte mit. Mit ihr kannst du das Pferd bremsen oder auffordernd antippen.

Wähle zunächst Strecken, bei denen du möglichst nicht an einer Straße vorbeimusst. Wald- oder Feldwege sind am besten geeignet. Gehe die ersten Male nicht an einem Wochenende los, da dann immer viele Leute mit Kind und Kegel unterwegs sind.

Wenn du dich zu einem Spaziergang entscheidest, beobachte, in welcher Verfassung das Pferd an dem Tag ist: Wirkt es entspannt und gelassen? Oder ist es unruhig? Dann verschiebe den Plan lieber auf einen anderen Tag. Auch Wetter und Tageszeit spielen eine Rolle: An einem kalten, windigen Wintertag wird das Pferd vermutlich energiegeladen und schreckhafter als sonst sein. An einem warmen Sommerabend dagegen ist es höchstwahrscheinlich entspannt.

In der Dämmerung werden Pferde unruhig,

Pferde können in der Dämmerung unruhig werden.

da das in der Natur die Zeit der Beutegreifer ist. Spaziere also in hellem Tageslicht. Unterwegs kannst du trotzdem in Situationen kommen, in denen das Pferd Angst vor etwas signalisiert. Bleibe dann zunächst kurz stehen, um das Pferd die Sache in Augenschein nehmen zu lassen. Manchmal entscheidet es dann nach einem Moment, dass sie doch nicht so gefährlich ist und geht weiter.

Im anderen Fall wird es wahrscheinlich große Augen kriegen und aufgeregt prusten. Dann ist es gut, wenn ein sicheres Pferd vorneweg an dem Gegenstand vorbeiläuft. So sieht das Pferd, dass keine Gefahr droht und wird folgen. Du kannst dabei das Pferd auch so führen, dass du dich zwischen „Monster" und Pferd befindest, das gibt ihm noch mehr Sicherheit.

Es ist aber überhaupt nicht schlimm, auch einmal umzudrehen. Finden z. B. an einem engen Waldweg laute Arbeiten statt, kann es gefährlich werden, sich da mit Pferden vorbeizuquetschen. Wählt dann lieber einen anderen Weg.

Freiarbeit

Ostwind folgt Mika auch ohne Halfter und Seil. Spielerisch und frei tollen die beiden zusammen über die Weide und den Reitplatz. Zwischendurch ahmt Ostwind sogar wie ein Spiegel jede Bewegung von Mika nach.

Mit dem Pferd auf dieser Weide zu arbeiten, nennt sich Freiarbeit. Sie ist eine schöne Möglichkeit, die Beziehung zu deinem Pferd zu

Ostwind und Mika spielen miteinander.

vertiefen. Es gibt auch die Freiheitsdressur. Hier geht es nicht so sehr um die Beziehung zwischen euch, sondern das Pferd soll frei, aber punktgenau bestimmte Lektionen ausführen.

Wir möchten dir hier zeigen, wie du mit deinem Pferd beginnen kannst, frei zu arbeiten.

Voraussetzungen

Um mit dem Pferd frei zu arbeiten, solltest du es schon gut kennen. Genauso wichtig ist, dass am Anfang immer ein Pferdeprofi dabei ist. Wenn das Pferd bisher noch keine Freiar-

beit gemacht hat, ist es anfangs wahrscheinlich unsicher, genau wie du, und es kann Missverständnisse geben.

Für die Freiarbeit brauchst du einen eingezäunten Platz oder Longierzirkel oder auch eine Reithalle. Sind die Halle oder der Platz sehr groß, trenne wenn möglich eine Hälfte mit rot-weißem Flatterband ab. Sonst verzieht sich das Pferd anfangs vielleicht von einer Ecke in die nächste, und du musst hinterherlaufen. Auf dem Platz sollte kein Gras zum Fressen verlocken.

Als Hilfsmittel brauchst du nur eine längere

Gerte oder eine „Bogenpeitsche". Das ist eine ursprünglich zum Fahren gedachte Peitsche. Sie ist etwas länger, sodass du nicht so dicht ans Pferd herantreten musst. Die Peitsche ist, wie die Gerte, dein verlängerter Arm. Mit ihr schlägst du das Pferd nicht und fuchtelst auch nicht mit ihr herum, sondern weist nur die Richtung, auf ein Körperteil oder schwingst sie kurz auffordernd nach oben.

Raum einnehmen

Du beginnst die Freiarbeit, indem du das Pferd am Seil auf den Platz führst und vor dich platzierst. Steht es ruhig und aufmerksam da, entferne Halfter und Seil und lege beides am Rand ab.

Als Erstes kannst du üben, deinem Pferd gegenüber spielerisch Raum einzunehmen (siehe auch S. 48). Gehe dazu über den Platz und male mit der Peitsche Kreise auf dem Boden, mal hier, mal da. Dann willst du einen Kreis dorthin malen, wo das Pferd steht, deshalb soll es kurz zur Seite gehen. Wie machst du das?

Auf jeden Fall freundlich und unaufgeregt. Vielleicht reicht schon ein fester Blick in die Augen, um es zum Losgehen zu bewegen. Vielleicht auch ein Fingerzeig Richtung Hinterbeine oder ein Schnalzen. Fange mit kleinen Gesten an, in die du mehr Energie legst, wenn das Pferd nicht reagiert. So lernst du, wie du das Pferd mit kleinstmöglichen Gesten bewegen kannst. Umgekehrt wirst du für das Pferd eine ernst zu nehmende Person, da du

Eine deutliche Geste, um das Pferd wegzuschicken.

ruhig, aber bestimmt deinen Raum beanspruchst.

Wichtig: Kommt das Pferd dir bei der Freiarbeit ungefragt zu nah oder rempelt dich sogar an, schicke es deutlich weg. Mache entweder mit vorgestreckten Armen einen energischen Schritt auf das Pferd zu oder setze auch die Peitsche als Abstandhalter ein.

Dieses Pferd kommt dem Mädchen viel zu nah.

In Bewegung

Als Nächstes kannst du das Pferd auf der rechten oder linken Hand um dich herumlaufen lassen. Soll es nach links gehen, weise ihm mit deinem linken Arm den Weg, mache einen Schritt auf die Hinterhand des Pferdes zu, schnalze und schwinge, falls nötig, kurz die Peitsche nach oben.

Jetzt sollte sich das Pferd in Bewegung setzen. Die meisten Pferde werden im Schritt losgehen, ist das Pferd aber voller Energie, kann es auch sein, dass es lostrabt oder buckelnd losrennt, halte also genügend Abstand!

Das Pferd darf sich erst einmal so bewegen, wie es möchte, also entweder im Schritt oder auch ein paar Runden im Trab oder Galopp. Du gehst in der Mitte auf einem kleinen Kreis mit. Du befindest dich ungefähr auf Höhe der Hinterhand, dein Blick geht in Bewegungsrichtung. Diese Körperposition wirkt treibend. Die Peitsche weist leicht nach unten, etwa auf Höhe des Sprunggelenks. Ist das Pferd sehr aufgeregt, lege die Peitsche zur Seite.

Durchparieren

Wird das Pferd langsamer (oder ist sowieso schon langsam), versuche einmal, es anzuhalten. Dazu verlässt du die treibende Position und gehst auf Kopfhöhe des Pferdes mit. Mache dann mit dem linken Bein einen Schritt nach vorne/innen und drehe deine linke Schulter gegen die Bewegungsrichtung des Pferdes. Zusätzlich kannst du die linke Hand heben und „Halt" sagen. So schneidest du ihm quasi den Weg ab.

„Scheritt!" Das Mädchen könnte dem Pferd noch mit der rechten Hand die Richtung weisen.

Auf diese deutliche Geste sollte das Pferd anhalten.

Eine andere Möglichkeit: Du gehst innen mit etwas Abstand neben dem Pferd her, ebenfalls ungefähr auf Kopfhöhe. Mache das Pferd auf deine nächste Aktion aufmerksam, indem du z. B. „Und ...“ sagst. Gehe dann deutlich in die Hocke, halte quasi „auf der Hinterhand“ an. Das Pferd wird es dir nachmachen und ebenfalls die Hinterhand beim Stopp gut untersetzen.

Damit das Pferd weitergeht, richte dich wieder auf bzw. nimm den linken Fuß und die Schulter zurück und gehe wieder in die treibende Position.

Abwenden

Passt das Pferd gut auf (inneres Ohr zeigt zu dir), versuche, den Zirkel zu verkleinern. Lasse dich noch etwas weiter zurückfallen und drehe deine Schulter nach innen. Das aufmerksame Pferd wird nun seinen Kreis verkleinern. Soll es anschließend wieder nach außen gehen, richte dich erneut zur Hinterhand aus, weise mit deiner Hand nach außen, unterstützend kannst du auch mit der Peitsche Richtung Widerrist deuten.

Möchtest du die Richtung wechseln, z. B. von der linken auf die rechte Hand? Nimm die Peitsche in die linke Hand und stoppe das Pferd mit einem Schritt in seinen Laufweg. Tue so, als wolltest du mit der rechten Hand den Pferdekopf an einem unsichtbaren Seil nach innen wenden, nimm gleichzeitig deine Hüften etwas zurück. Zeige dann mit der Hand in die neue Richtung. Hat das Pferd nach innen gewendet, nimm wieder die treibende Position ein.

Das Mädchen stoppt das Pferd auf der linken Hand, lässt es nach innen wenden und schickt es dann rechtsherum.

Das alles ist gar nicht einfach, denn du musst gleichzeitig auf das Pferd, deinen Körper und die Peitschenhaltung achten. Übe deshalb zu- erst im Schritt. Je schneller die Gangart, desto schneller musst du reagieren!

Lobe alles, was das Pferd gut macht. Du

kannst begeistert „Gut" oder „Brav" sagen und auch eine Verschnaufpause einlegen. Für etwas besonders Gelungenes darfst du auch ein Leckerchen geben, siehe Kasten „Loben".

Trab und Galopp

Fühlt ihr beide euch bei dieser Arbeit sicher, kannst du in die nächsthöhere Gangart wechseln. Gib das Signal zum Antraben, indem du schnalzt und kurz die Peitsche schwingst. Die Peitsche wird jetzt höher gehalten und zeigt ungefähr auf die Hinterbacke des Pferdes. Du selbst gehst etwas schneller auf einem kleinen Kreis mit.

Bevor du das Pferd angaloppieren lässt, sollte es sich im Trab gut auf dem kleinen Kreis bewegen können, also im Gleichgewicht sein. Zum Angaloppieren hebst du die Peitsche,

machst ein Küsschengeräusch mit dem Mund und galoppierst mit einem Pferdchensprung selbst an – das Pferd wird es dir nachmachen. Gerade im Galopp kann es aber sein, dass das Pferd auf einer Hand ungern angaloppiert, weil es noch nicht so beweglich ist. Versuche es dann immer mal wieder für nur wenige Sprünge.

Komm mit mir

Du kannst die Freiarbeit beenden, indem du das Pferd einlädst, ein paar Schritte gemeinsam mit dir zu gehen. Drehe dazu deine Schulter von ihm weg nach innen. Das Wegdrehen ist für das Pferd eine einladende Geste. Gehe ein paar ruhige Schritte und schaue, ob das Pferd sich dir anschließt. Macht es das nicht gleich, versuche es einfach noch einmal: Be-

„Terab!" Halte am besten etwas mehr Abstand zum Pferd, manche Vierbeiner werden sich sonst bedrängt fühlen.

75

Das Pferd wird sich dem Mädchen gleich anschließen.

und lobe es. Verlängere die „Stehzeiten" ganz allmählich.

Du kannst das Pferd auch frei im Schulterherein oder Travers laufen lassen. Das sind Dressurlektionen, bei denen das Pferd entweder die Vorhand oder die Hinterhand leicht nach innen verschiebt. Das ist aber etwas für Fortgeschrittene.

Ostwind kann auch auf Kommando steigen. Diese Übung ist allerdings gar nichts für Anfänger. Wenn du nicht genau weißt, wie du dem Pferd das Steigen beibringst und es vor allem kontrollierst, kann es sein, dass es nachher in allen möglichen Situationen auf den Hinterbeinen steht – ziemlich gefährlich und unangenehm.

gleite es erst auf dem Kreis, dann drehe dich von ihm weg und entferne dich. Irgendwann wird es sich dir anschließen. Gehe ein paar Schritte, halte dann an und beende die Arbeit.

Abwechslung

In der Freiarbeit kannst du noch viele weitere Sachen ausprobieren: Übe, dass das Pferd frei stehen bleibt. Signalisiere ihm „Steh" und gehe dann langsam um das Pferd herum, erst vorne herum von einer Schulter zu anderen, dann auch um die Hinterhand. Erst wenn das gut klappt, entferne dich ein paar Schritte vom Pferd.

Wird es unruhig, sieht sich um und möchte losgehen, klatsche in die Hände. Das Geräusch macht das Pferd aufmerksam und lässt es kurz verharren. Gehe dann ruhig zu ihm

Ganz ruhig

Es kann sein, dass du in der freien Arbeit dein Pferd mit zu heftigen Signalen und zu viel Energie quasi überfällst. Dein Pferd empfindet dich dann als bedrohlich. Es möchte dich beschwichtigen, indem es kaut, leckt, den Kopf abwendet oder auch langsamer wird.

Bemerkst du solche Gesten, schalte einen Gang herunter: Atme aus und entspanne dich, wende dich leicht vom Pferd ab, auch den Blick, komme zur Ruhe. Mache dann mit sparsameren Bewegungen und Gesten weiter.

Was tue ich, wenn mein Pferd ...

Im Zusammensein mit dem Pferd wirst du immer wieder die Erfahrung machen, dass etwas nicht so klappt, wie du es dir vorstellst: Du möchtest das Pferd von der Koppel holen, aber es frisst lieber weiter, anstatt mit dir mitzukommen. Beim Putzen zappelt es herum. Beim Führen will es dich überholen ... Patentrezepte dafür gibt es nicht, jedes Pferd und jede Situation sind anders. Grundsätzlich solltest du bei Dingen, die öf-

ter nicht klappen, erst einmal überlegen, WARUM das so ist. Das Pferd will dich mit seinem Verhalten ja nicht ärgern. Ist es kaum vom Gras wegzubekommen, kann es tatsächlich sein, dass es zu selten Gras fressen darf oder zu wenig Heu bekommt. Oder es darf bei anderen Leuten immer mal wieder am Wegesrand fressen und versteht nicht, dass es das bei dir nicht soll. Mag es am Putzplatz nicht stillstehen, kann es sein, dass ihm das

Angebundensein unheimlich ist, weil es nicht richtig mit ihm geübt wurde. Überholt oder bedrängt es dich, hast du das Raum-Spiel des Pferdes nicht bemerkt.

Du siehst: Wenn du den Grund für sein Verhalten findest, kannst du versuchen, etwas daran zu ändern.

In der Situation selbst ist es gut, wenn du gelassen, aber entschlossen bleibst. Merkst du, dass du dich ärgerst, mache eine kurze Pause, zähle „23, 24, 25" und atme tief ein und aus. Überlege dir genau, was du möchtest und versuche das dann mit dem kleinstmöglichen Einsatz an Körper- und Stimmhilfen durchzusetzen.

Was aber, wenn du dich überfordert fühlst oder Angst bekommst? Das ist zunächst einmal überhaupt keine Schande, denn selbst ein Pony ist ja ganz schön groß und stark. Verhält es sich ungebärdig, gerät man aus Unsicher-

heit schnell in die Versuchung, ihm einen Klapps zu geben oder zu schimpfen. Vielleicht hast du auch die Stimme von einem Erwachsenen im Hinterkopf, der sagt, dass das Pferd dir nicht „auf der Nase herumtanzen" darf. Gewalt ist aber keine gute Idee, wenn du das Vertrauen des Pferdes behalten willst. Fühlst du dich unsicher, bitte eine verständnisvolle Reitlehrerin, dir bei dem Problem zu helfen. Es kann auch notwendig sein, dass diese zunächst allein mit dem Pferd übt, bis es verstanden hat, was es tun soll.

Und nicht vergessen: Wenn etwas schiefgeht, liegt das manchmal auch an uns. Wenn du z. B. sehr gestresst bist, wird das Pferd das spüren und verunsichert sein. Nimm dir an so einem Tag nicht zu viel vor.

Vielleicht reicht es schon, wenn du dein Pferd einfach in aller Ruhe putzt und etwas mit ihm schmust.

Klappt etwas nicht, bleibe ruhig und überlege, was du verändern kannst.

Pferdeshow und Wirklichkeit

Vielleicht hast du schon einmal die Pferde-trainerin von Ostwind, Kenzie Dysli, bei einer Show gesehen und ihre Arbeit mit den Pferden bewundert. Sie kann die Tiere fast unsichtbar, mit kleinen, feinen Signalen dirigieren. Hier scheint alles wie von selbst zu funktionieren, nie geht etwas schief.

Doch hinter dieser Leichtigkeit stecken viele Jahre Arbeit. Kenzie hat seit ihrer Kindheit täglich mit verschiedenen Pferden zu tun und verbringt sehr viel Zeit mit ihnen. Sie ist nicht über Nacht zum „Pferdeversteher" geworden. Erwarte deshalb keine Wunder von deinem Pferd. Freue dich über das Zusammensein mit ihm und über kleine Erfolge, das wird euch mit der Zeit immer enger zusammenschweißen.

Was so leicht aussieht, braucht viel Zeit.

Warum klappt das nicht?

Eine Chiropraktikerin kann helfen, wenn deinem Pferd etwas wehtut.

Möchtest du deinem Pferd etwas Neues beibringen, und es klappt nicht, liegt das sehr häufig daran, dass das Pferd die Aufgabe nicht versteht. Oft verlangen wir nämlich zu viel auf einmal von dem Pferd. Neue Aufgaben müssen in ganz kleine Teilschritte zerlegt werden, und erst wenn das Pferd einen Teilschritt beherrscht, kann man weiter vorangehen. Frage einen Pferdeprofi um Rat.

Ein anderer Grund, warum etwas nicht klappt, kann in körperlichem Unvermögen des Pferdes liegen. Vielleicht ist es steif, weil es lange falsch geritten wurde, oder ihm tut nach einem Sturz etwas weh. Deshalb sollte man einen Fachmann, z. B. einen Chiropraktiker oder Osteopathen, holen, wenn dein Pferd sich sträubt, bestimmte Bewegungen auszuführen oder den Rücken wegdrückt.

... am Stall „klebt"?

So nennt man es, wenn das Pferd nicht allein mit dir vom Hof gehen möchte. Es bleibt immer wieder stehen, wiehert nach seinen Freunden, geht manchmal gar keinen Schritt mehr weiter, möchte umdrehen, manche steigen sogar.

Pferde sind Herdentiere, andere Pferde geben ihnen Sicherheit. Für ein Pferd kann auch ein kleiner Spaziergang schon so beunruhigend sein, dass es ihn nicht allein antreten will. Die einfachste Lösung ist deshalb, zunächst immer mit einem anderen Pferd gemeinsam rauszugehen.

Möchte das Pferd dir nicht folgen, hilft auch kein Ziehen.

Vielfach wird auch gesagt, der Mensch würde einem solchen Pferd nicht genug Sicherheit vermitteln, deshalb käme es nicht mit. Das ist nur bedingt richtig. Wenn ihr euch noch nicht gut kennt, kann es zwar sein, dass das Pferd dir noch nicht richtig vertraut. Aber auch wenn das Pferd weiß, dass ihm mit dir zusammen nichts passiert, kann es von Natur aus trotzdem so ängstlich sein, dass es sich allein fürchtet. Hast du z. B. große Angst vor Spinnen, verschwindet die auch nicht, wenn deine Mutter daneben sitzt. Hier hilft nur geduldige, kleinschrittige Gewöhnung. Also mit Minirunden anfangen, die du ganz langsam ausweitest.

... häufig scheut?

Das Pferd erschrickt sich häufig vor Dingen, Geräuschen, anderen Tieren o. ä. Es springt dann zur Seite, manche Pferde wollen auch wegrennen.

Hier gilt Ähnliches wie oben: Einige Pferde sind von Natur aus furchtsamer als andere, und dazu sehr temperamentvoll. Eine ruhige Ausstrahlung von dir ist da besonders wichtig: aufrecht, energisch, aber ohne Spannung. Achte darauf, dass ein schreckhaftes Pferd stets in der richtigen Führposition läuft (siehe S. 61). Eine klare Führung beruhigt ängstliche Pferde! Fühlst du dich unsicher, lass zunächst einen Erwachsenen mit dem Pferd üben. Hilfreich kann ein „Anti-Schreck"-Training sein. Dazu werden ungewohnte Dinge auf den Reitplatz gebracht, z. B. ein aufgeklappter Regenschirm oder eine knisternde Plane.

Das Pferd hat sich erschreckt, das Mädchen bleibt ruhig.

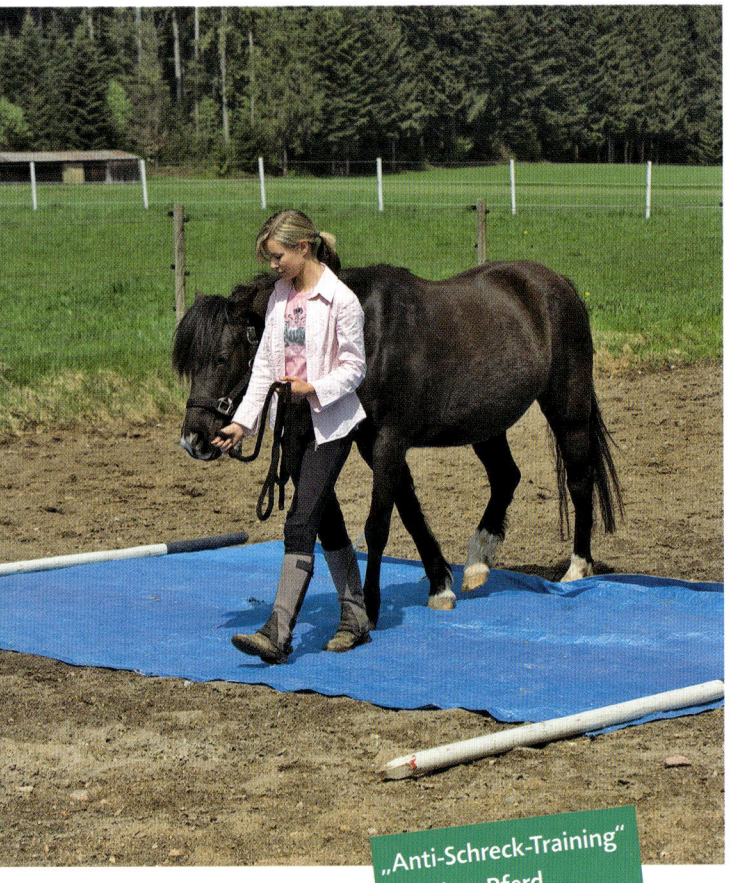

„Anti-Schreck-Training" mit dem Pferd

Das Pferd wird so weit darauf zugeführt, wie es das zulässt. Dann kann es stehen bleiben und den Gegenstand betrachten. Es darf aber nicht zurück und sich auch nicht abwenden, es soll sich mit dem Gegenstand beschäftigen. Jeder Schritt vor wird gelobt. Ziel ist, dass das Pferd den Gegenstand mit der Nase berührt und sich so von der Ungefährlichkeit überzeugt. So gewinnt das Pferd Selbstbewusstsein. Achtung: Das Pferd kann bei dieser Übung auch einmal wegspringen oder den Menschen anrempeln!

... mich zwickt?

Das Pferd kneift dich mehr oder weniger fest mit den Zähnen, entweder nur in die Jacke oder – schmerzhafter – in die Haut.

Das ist eine Unhöflichkeit des Pferdes und oft anerzogen. Viele stecken ihrem Pferd ständig ohne erkennbaren Grund ein Leckerli zu. Das Pferd denkt dann, es gäbe immer etwas zu holen und fängt an, danach zu suchen, manchmal auch mit Einsatz der Zähne. Das ist keine Bösartigkeit, sondern seine Natur.

Achte also darauf, wann und wie du dem Pferd etwas gibst: Ein Leckerli zur Begrüßung ist okay, einfach so zwischendurch beim Putzen solltest du ihm aber nichts füttern, das verleitet zum Betteln und Fordern – genauso wie zahlreiche Leckerlis in Jackentaschen, die riecht das Pferd nämlich.

Übst du mit dem Pferd etwas auf dem Reitplatz und es macht seine Sache gut, kannst du ihm nach einem Lobwort ein Leckerli geben – aber nur, wenn es ruhig steht und dich nicht bedrängt. Sonst den Kopf wegschieben,

warten, bis es sich beruhigt hat und dann das Leckerli füttern.

Zu unterscheiden vom Zwicken ist das Schnappen, das manche Pferde z. B. beim Satteln andeuten. Damit zeigt das Pferd, dass ihm etwas sehr unangenehm ist. Hier solltest du nach Gründen suchen und es nicht für das Schnappen strafen.

Hengste wie Ostwind und auch Wallache haben übrigens von Natur aus einen stärkeren Drang zum Zwicken und Schnappen, sie spielen gerne und nehmen alles ins Maul. Strafen ist hier nicht angesagt. Achte immer strikt darauf, dass das Pferd einen für dich angenehmen Abstand zu dir einhält und nicht ungefragt an dir herumschnüffelt.

Tut es das, schiebe seine Nase weg.

... mich beim Führen anrempelt und überholt?

Manche Pferde achten nicht besonders auf ihren Menschen, stoßen ihn beim Führen mit der Schulter weg oder überholen ihn.

Dafür gibt es zwei Gründe: Zum einen hat das Pferd oft nicht gelernt, wie es sich beim Führen verhalten soll. Zum anderen kann es sein, dass der Mensch die Versuche des Pferdes, in seinen Raum vorzudringen und ihn in Bewegung zu setzen, nicht bemerkt. Das Pferd gewinnt also viele dieser Spielchen und ist dann der Meinung, es könnte Tempo und Richtung beim Führen selbst bestimmen. Schimpfen, am Strick zerren etc. haben nur kurzfristig Erfolg. Das Pferd muss zurück in die „Führ-Schule" (S. 61), wobei dir ein erfahrener Erwachsener helfen sollte.

Wichtig ist in jedem Fall, frühzeitig und konsequent zu reagieren: beim kleinsten Überholversuch mit der Gerte vor die Brust tippen, es notfalls auch mit deutlichem Signal anhalten (siehe S. 63). Wenn es sich zurückfallen lässt, es gleich wieder mit einem kurzen Impuls vortreiben – du gibst das Tempo vor.

Hat das Pferd dich doch überholt und ist schon einen halben Meter vor dir, trete einen

Schritt zurück, deute auf seine Hinterhand, sodass es eine Volte um dich herum geht, drehe dich selbst um und gehe weiter. So ist es wieder hinter dir, ohne ziehen und zerren. Passt es nicht auf dich auf und schaut ständig in der Gegend herum, drehe um und laufe in die entgegengesetzte Richtung. Dann wird das Pferd wieder auf dich achten. Vielleicht musst du auch mehrmals die Richtung wechseln.

Manche Trainer arbeiten bei achtlosen Pferden mit sehr deutlicher Körpersprache. Sie möchten, dass das Pferd hinter ihnen bleibt und auf sie aufpasst. Bleiben sie stehen, soll auch das Pferd anhalten. Tut es das nicht, richtet der Mensch sich abrupt auf, hebt ruckartig die Schultern und eventuell noch die angewinkelten Arme oder/und stampft mit einem Bein auf. Das erschrickt das Pferd, und es wird beim nächsten Mal besser auf den Menschen achten. Bei sensibleren Pferden reicht schon das „Großmachen", damit sie stehenbleiben.

... sich nicht einfangen lässt?

Das Pferd läuft auf der Koppel weg, sobald es den Menschen mit dem Halfter sieht. In

Deutliches Körpersignal zum Anhalten

Das Pferd ergreift vor dem Mädchen mit Halfter die Flucht.

der Box dreht es sich um und wendet dem Menschen das Hinterteil zu.

Natürlich gäbe es Tricks, um solche Pferde einzufangen. Aber das ist keine Lösung, denn das Pferd sendet mit diesem Verhalten eine Botschaft: Es möchte nicht mit dem Menschen arbeiten.

Keine Panik, das muss nicht an dir liegen, das Pferd kann auch früher schlechte Erfahrungen gemacht und sich das Verhalten angewöhnt haben.

In den meisten Fällen holen wir das Pferd ja immer dann, wenn wir etwas mit ihm unternehmen wollen, sei es Reiten, Bodenarbeit,

Spazieren etc. Wie wäre es, wenn du zwischendurch einfach mal so zu dem Pferd gehst, bei ihm auf der Koppel oder auf dem Paddock sitzt und ein Buch liest, also nur da bist? Wahrscheinlich wird das Pferd dann schon neugierig schauen, was du da machst. Etwas später kannst du auch ein Halfter mitnehmen, es ihm kurz überstreifen, ein Leckerli geben und wieder abnehmen. Klappt das gut, führe es zum Anbindeplatz, putze es dort und entlasse es dann wieder.

Beobachte, was dem Pferd Spaß macht (eine bestimmte Übung, Spaziergänge etc.) und baue das öfter in euren Alltag ein.

Versuche auch herauszufinden, ob dem Pferd möglicherweise etwas wehtut: Zuckt es beim Putzen irgendwo, gibt es die Hufe nicht gern oder legt es beim Satteln die Ohren an? Dann sollte es von einem Fachmann untersucht werden.

Und es ist auch sehr hilfreich, regelmäßig Unterricht zu nehmen, egal ob im Reiten oder in der Bodenarbeit. Ein Profi erkennt viel schneller, wo es bei euch beiden hakt und kann dir hilfreiche Tipps für ein harmonisches Miteinander geben.

Du siehst: Das Weglaufen wird sich nicht über Nacht erledigen, du brauchst etwas Zeit. Aber irgendwann wird das Pferd gerne mit dir gehen.

... am Anbindeplatz herumzappelt?

Das Pferd ist unruhig, wenn du es anbindest, es scharrt oder läuft hin und her und wirkt angespannt. Manche Pferde geraten auch plötzlich in Panik und werfen sich zurück, zerreißen Halfter und Strick.

Leiste dem Pferd Gesellschaft, ohne etwas von ihm zu wollen.

Mähne, gib ihm ein wenig Heu und entlasse es wieder. Gut ist, wenn ein befreundetes Pferd daneben steht. Jeden Tag lässt du es ein klein wenig länger stehen. Wird das Pferd unruhig, sprich mit ihm, beruhige es, und wenn es wieder still steht, entlasse es. Wenn das Pferd irgendwann entspannt dasteht, kannst du es richtig anbinden – aber immer mit einem Panikknoten, der sich schnell lösen lässt.

... die Hufe nicht gibt/ zurückzieht?

Das Pferd lässt sich nur schwer motivieren, den Huf hochzuheben. Hast du ihn endlich in der Hand, schwankt es und will ihn wieder zurückziehen.

Hier ist die Sache ähnlich wie beim Anbinden: Ein Pferd, das nicht alle vier Hufe am Boden hat, kann nicht weglaufen – das ist beunruhigend für das Tier.

Außerdem verliert es in dieser Position leicht das Gleichgewicht, besonders, wenn es ohnehin nicht gut ausbalanciert.

Ein Pferd, das mit den Hinterbeinen herumzappelt, ist für dich vielleicht beängstigend, hole dir hier Hilfe. An den Vorderbeinen kannst du das Hufegeben aber schon mal üben.

Fange auch hier mit ganz leichten Hilfen an: Krabbel mit den Fingern an den Fesselhaaren

Für Pferde ist es beängstigend, angebunden zu sein, denn im Notfall könnten sie nicht flüchten. Deshalb muss ein Vierbeiner langsam an diese „Freiheitsberaubung" gewöhnt werden. Bei Pferden, die herumzappeln, ist das meist nicht gemacht worden.

Der „Tipp", das Pferd mit einem stabilen Halfter und festem Seil anzubinden und es dann seinem Schicksal zu überlassen, ist grundverkehrt! Das Pferd gewinnt so garantiert kein Vertrauen und kann sich dabei am Genick verletzen. Übe stattdessen wieder in kleinen Schritten: Binde das Pferd zunächst nicht an, sondern lege nur den Strick um den Anbindebalken oder ziehe ihn durch den Ring, halte das Ende in der Hand. Beschäftige dich kurz mit dem Pferd, bürste z.B. die oder zupfe leicht daran. Warte kurz auf eine Reaktion, lobe schon eine Gewichtsverlagerung zur anderen Seite. Wiederhole es, bis das Pferd den Huf anhebt. Fasse ihn oben am Huf Richtung Fesselbein, nicht an der Hufspitze, das finden manche Pferde unangenehm. Möchte das Pferd den Huf sofort wieder absetzen, lasse das zu. Nimm ihn aber gleich wieder auf, sobald das Pferd einen sicheren Stand gefunden hat. Kannst du ihn kurz ohne Widerstand halten, lobe es und setze den Huf ab. Das wiederholst du ein paar Tage oder auch Wochen, bis das Pferd den Huf immer länger oben halten kann.

Reagiert das Pferd auf dein Zupfen und Krabbeln gar nicht, kannst du auch versuchen, dich mit deiner Schulter leicht gegen seine Schulter zu lehnen, um so sein Gewicht zur anderen Seite zu verschieben. Das Problem: Manche Pferde drücken dagegen, man erreicht also das Gegenteil.

Bei allen Schwierigkeiten im Umgang mit dem Pferd gilt: Gehe immer zurück zu den Anfängen und zeige dem Pferd in kleinen Schritten, was du von ihm möchtest. Stelle eine Aufgabe so, dass das Pferd sie versteht und bewältigen kann. Lobe es für jede richtige Reaktion. So lernt es am besten und gewinnt Vertrauen in dich. Eine Strafe dagegen sagt dem Pferd nur „So nicht!" – ohne ihm zu erklären, was es stattdessen tun soll. Verzichte also auf Schimpfen, Gertenklapse oder am Strick rucken – es geht viel besser ohne.

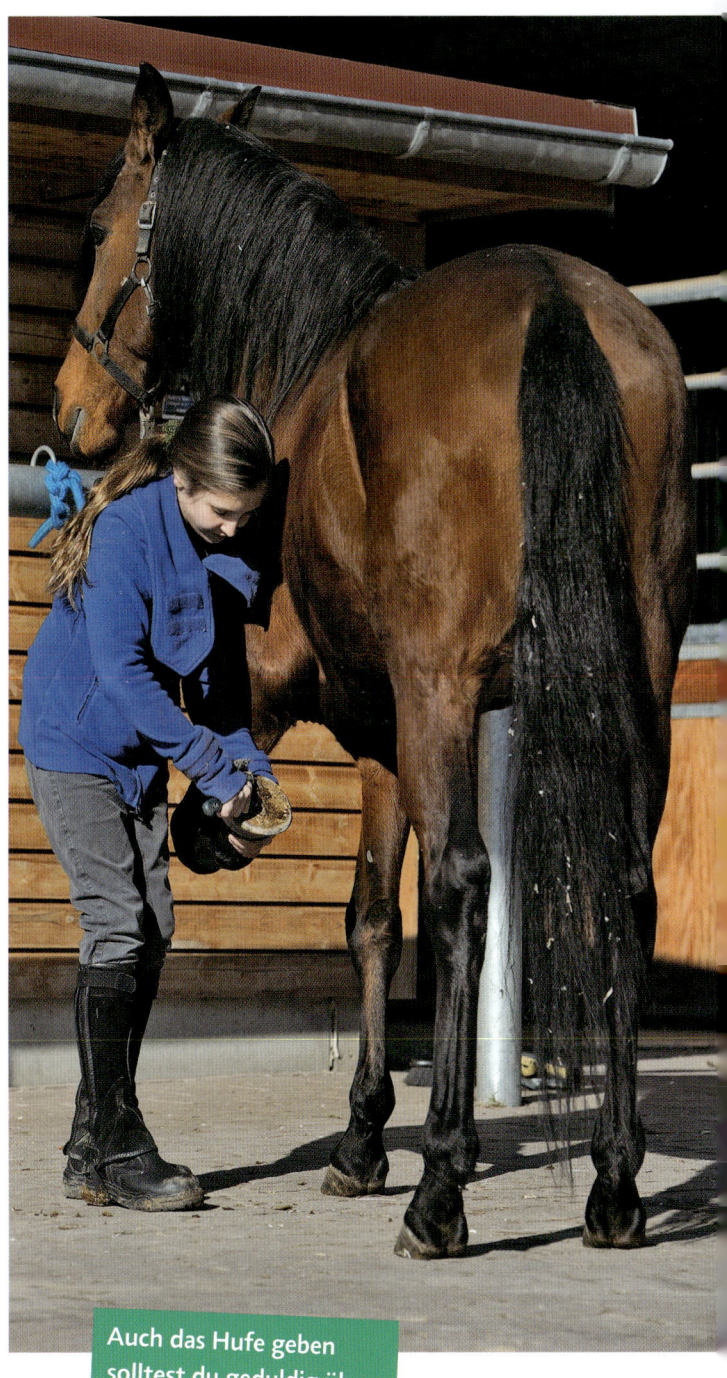

Auch das Hufe geben solltest du geduldig üben.

Rauf aufs Pferd

Ganz frei galoppieren – darf man nur im Film.

Endlich auf dem Pferderücken! Bodenarbeit, Spaziergänge etc. sind auch toll, aber für viele ist das Reiten die Krönung: Das Pferd trägt dich auf seinem Rücken, du wirst eins mit seinen Bewegungen, du bist schneller und freier als auf deinen eigenen Beinen – ein wunderbares Gefühl. Das möchten wir dir keinesfalls vermiesen, aber du solltest an eins denken: Das Pferd ist nicht dazu gemacht, einen Reiter auf seinem Rücken zu tragen. Seine Knochen und Muskeln halten das nur aus, wenn sie gut darauf vorbereitet und regelmäßig trainiert werden. Es ist also keine gute Idee, ein Pferd in der Woche kaum zu bewegen und am Wochenende stundenlang auszureiten. Oder das Pferd den ganzen Tag in der

Box stehen zu lassen und am Abend ein schweißtreibendes Training in der Halle zu fordern. Aber das weißt du ja längst ...

Um so frei wie Mika mit Ostwind über die Felder zu galoppieren, brauchst du aber nicht nur viel Übung und Erfahrung, sondern vor allem auch Zügel und eine sichere Reitausrüstung. Dazu gehören auf jeden Fall Stiefel und ein Reithelm.

Aufsteigen

Das erste Mal rauf aufs Pferd: ganz schön aufregend! Damit du die Pferdebewegungen besser spürst, trägt das Pferd für die ersten Sitzübungen am besten ein gut gepolstertes Kissen auf dem Rücken, ein sogenanntes Reitpad oder -kissen. Ein Erwachsener sollte das Pferd führen, damit du einfach nur fühlen kannst.

Ein Reitkissen hat keine Steigbügel, deshalb kann dir der Erwachsene aufs Pferd helfen, indem er dein Bein hält und dich „hochwirft". Wenn dir das zu schwungvoll ist, nutze eine Aufstiegshilfe: eine stabile Trittleiter, ein Klotz, eine Kiste ... Positioniere sie direkt neben dem Pferd, stelle dich ruhig darauf, klopfe das Pferd von oben und hebe dann vorsichtig dein Bein über seinen Rücken. Achte drauf,

Ein weicher Fellsattel ist ideal für die ersten Reitversuche. Vergiss aber den Reithelm nicht!

Eine bequeme Aufstiegshilfe

locker sitzt. Es kann nichts passieren, entspann dich. Lass die Beine hängen, die Fußspitzen dürfen nach unten zeigen. Du kannst dich an ein paar Mähnenbüscheln festhalten, wenn du dich unsicher fühlst. Spürst du, wie sich deine linke und rechte Pohälfte abwechselnd nach unten bewegen? Deine Hüfte schwingt, ein bisschen so, als würdest du rückwärts Fahrrad fahren. Versuche, diese Bewegung zu erspüren.

Möchtest du anhalten, versuche, dem Pferd schon die richtige Hilfe dafür zu geben: Höre auf mitzuschwingen, richte dich auf, mache dich schwer und sage „Steh" oder ein anderes Kommando, was es aus der Bodenarbeit kennt. Vielleicht reagiert das Pferd schon, sonst darf auch der Erwachsene unterstützen und das Pferd nach deiner Hilfe bremsen.

es nicht unabsichtlich mit dem Fuß auf dem Rücken zu berühren. Lass dich weich auf den Rücken gleiten, falle dem Pferd nicht mit einem Plumps ins Kreuz.

So, jetzt bist du oben. Bleib erst einmal stehen. Überlege, wie es sich anfühlt. Ganz schön hoch? Oder genau richtig? Bist du angespannt? Probiere, Po und Beine ganz locker zu lassen, atme ruhig. Kraule dem Pferd die Mähne, erzähle ihm etwas. Warte, bis du bereit bist, dann kann der Erwachsene das Pferd im Schritt anführen.

Erste Sitzübungen

Auch im Schritt schwankt es schon ganz ordentlich. Versuche, dich den Pferdebewegungen anzupassen. Das geht nur, wenn du ganz

Mit Führperson kannst du dich ganz auf die Pferdebewegungen konzentrieren.

Soll das Pferd wieder losgehen, atme ein, wie du es auch am Boden machst, schicke Energie nach vorn und lege kurz die Schenkel an. Du kannst auch noch schnalzen oder „Scheritt" sagen.

Und dann gibt es auch noch Kurven, z. B. die Ecken auf dem Platz oder ein Zirkel. Hier sitzt du etwas anders als geradeaus: Deine Schultern bleiben immer parallel zu den Schultern des Pferdes.

Geht die Kurve nach links, schaust du auch nach links und nimmst deine Schultern wie beim Fahrradfahren etwas nach links. Wenn du locker bist, belastest du so gleichzeitig die linke Hüfte etwas stärker, dein linkes Bein schmiegt sich enger an den Pferdebauch. Achte darauf, dass du nicht mit der Hüfte nach rechts ausweichst und diese Seite stärker belastest, das verwirrt das Pferd. Das alles sind nur kleine Bewegungen, versuche, sie zu erspüren, wenn du durch die Ecken auf dem Platz reitest.

Wenn du dich im Schritt sicher fühlst, kannst du ein paar neue Bewegungen ausprobieren, die dein Gleichgewicht weiter schulen:

- Lass einen Arm los und strecke ihn waagerecht zur Seite. Halte ihn ein paar Schritte, dann nimm ihn zurück und strecke den anderen zur Seite.

  Klappt das gut, lass beide Arme los und strecke sie zur Seite. Jetzt sitzt du schon wie Mika auf Ostwind: zwar noch im Schritt, aber schon ganz frei.

Drehe dich mit ausgestreckten Armen nach links und rechts. Wie weit kannst du nach hinten schauen?

Strecke beide Arme hoch zum Himmel und wachse.

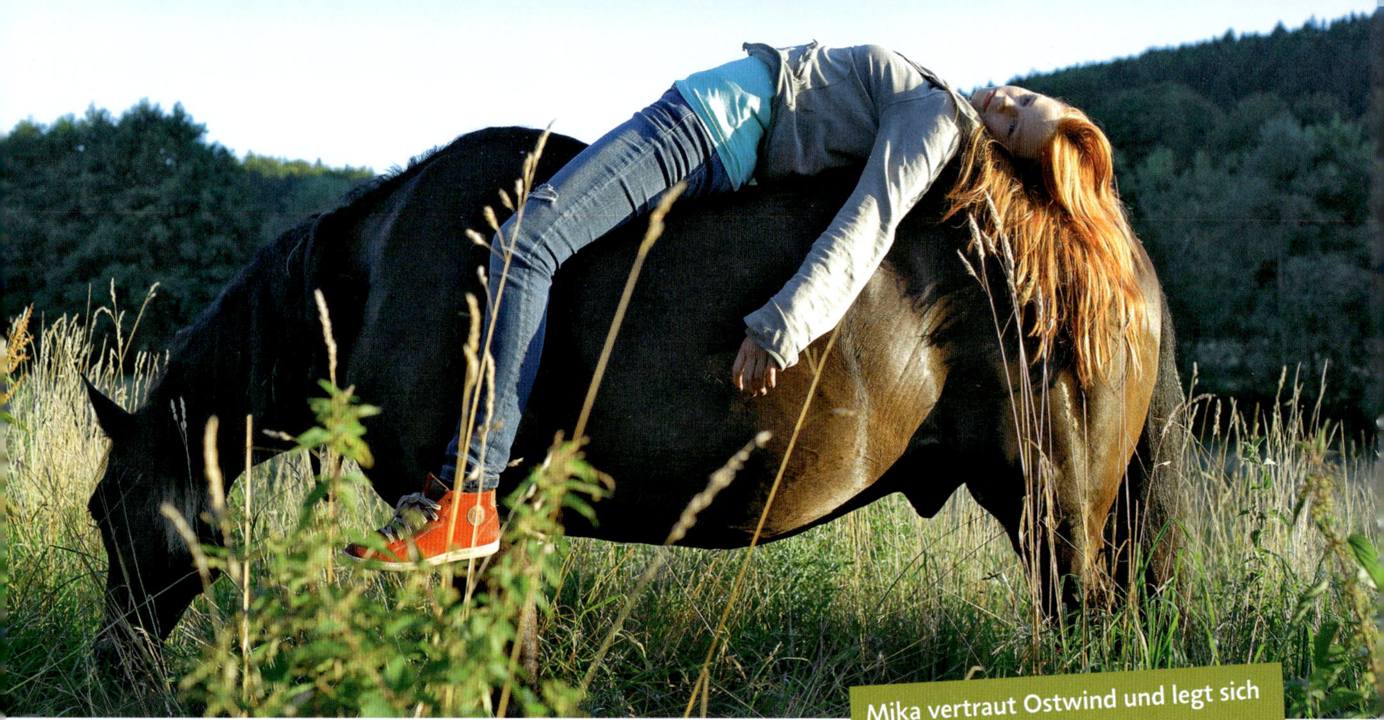

Mika vertraut Ostwind und legt sich auch ganz frei auf seinen Rücken.

Lass das Pferd anhalten und probiere Folgendes: Beuge dich vor und umarme den Pferdehals. Versuche dann mit deiner rechten Hand die linke Fußspitze zu berühren und umgekehrt.

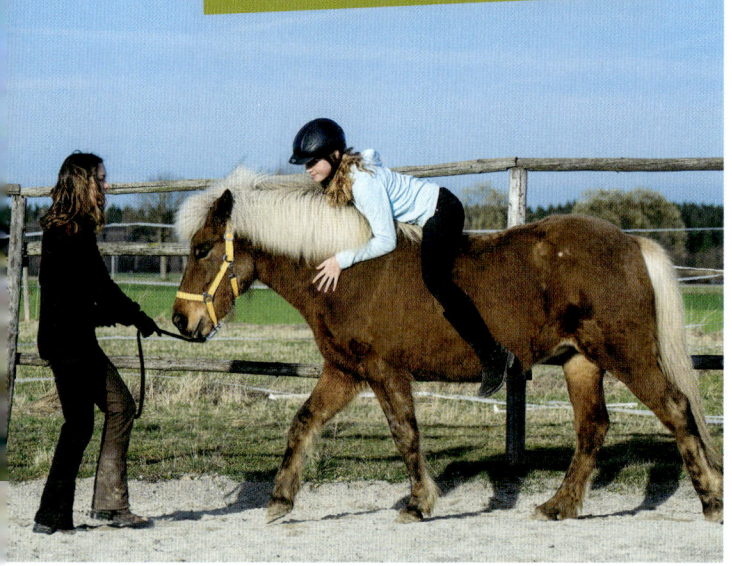

- Ist dein Pferd ruhig und erfahren, kannst du dich im Stand auch vorsichtig zurück auf seinen Rücken legen. So fühlst du das Pferd mit deinem ganzen Körper und hast noch mal eine ganz andere Perspektive.

Es wird schneller

Fühlst du dich im Schritt wohl und sicher, kannst du immer mal wieder für einige Tritte antraben. Deine Führperson läuft mit. Richte dich auf, lege mit einem leichten Impuls die Schenkel an und sage das bekannte Kommando, z. B. „Terab“, oder schnalze einmal. Wenn das Pferd antrabt, wackelt es ordentlich. Es kann aber nichts passieren, wenn du locker bleibst: Halte dich nicht mit den Knien fest, sondern lass die Beine weiter entspannt hängen. Lehne dich mit dem Oberkörper nicht nach hinten, falle aber auch nicht nach vorn. Versuche, die aufrechte Mitte zu erfühlen. Du darfst natürlich wieder in die Mähne greifen. Probiere das Traben zunächst nur für einige Schritte geradeaus, dann pariere wieder in den Schritt durch, indem du dich schwer machst und „Scheritt" sagst.

Erst wenn es geradeaus gut klappt, baue Kurven mit ein. Hier kann es sein, dass du etwas nach außen rutschst, versuche, locker innen sitzen zu bleiben. Alles prima? Dann kannst du wie im Schritt nacheinander die Arme loslassen und zur Seite strecken. Vielleicht schaffst du es sogar mit beiden Armen?

Wenn du dich geradeaus und in der Kurve sicher fühlst im Trab, kannst du an die Longe wechseln: Deine Reitlehrerin steht nun in der Mitte und führt das Pferd an einer langen Leine um sich herum. Das Pferd geht also auf einer beständigen Kreisbahn und zieht dich etwas nach außen, deshalb solltest du dich vorher schon daran gewöhnt haben.

Hast du ein ruhiges, braves Pferd, kannst du nun auch den Galopp probieren. Am besten gibt deine Reitlehrerin das Kommando zum

Im Trab wirst du etwas durchgeschüttelt. Versuche trotzdem, aufrecht sitzen zu bleiben.

Angaloppieren. Halte dich wieder an der Mähne fest. Keine Sorge, der Galopp ist bequem! Das Pferd schaukelt auf und ab, daran kannst du dich gut anpassen. Na, fühlst du dich schon fast wie Mika? Auch hier kannst du die Arme zur Seite strecken, wenn du dich traust. Ist das nicht ein tolles Gefühl?

Die Zügel

Jetzt bist du schon ganz viel ohne Zügel geritten. Und das ist auch gut, denn mit den Zügeln musst du gar nicht viel machen.

Wenn du nun ohne Führperson allein in der Bahn reitest, trägt das Pferd entweder eine gebisslose Zäumung wie ein Sidepull oder eine Trense mit Gebiss, z. B. eine Wassertrense.

Die Zügel sind als feine Verbindung zum Pferdemaul oder -kopf gedacht. Sie sind zwar dick und kräftig, damit sie gut in der Hand liegen, aber die Zügel könnten auch ganz fein und dünn sein, dann würde man nicht in die Versuchung kommen, daran zu ziehen.

Halte sie in der leicht geöffneten Faust, als hättest du etwas Zerbrechliches darin. Versuche, einen weichen Kontakt zum Pferdmaul

Mit etwas Übung kannst du auch einhändig an der Longe traben.

Signale des Pferdes beim Reiten

Pferd und Reiterin fühlen sich wohl.

Das Pferd schnaubt kräftig durch die Nüstern: Ein gutes Zeichen, denn damit zeigt das Pferd, dass es sich entspannt. Schnaubt es allerdings mehrmals kurz und angespannt, wird es ihm gerade zu anstrengend.

Das Pferd dreht die Ohren nach hinten: Wenn es die Ohren nur leicht nach hinten

dreht, ist das positiv, denn das Pferd richtet seine Aufmerksamkeit nach hinten, zu dir. Klemmt es sie allerdings nach hinten, kneift gleichzeitig Maul und Nüstern zusammen und verengt die Augen, zeigt es deutlich Unmut!

Das Pferd schlägt mit dem Schweif: Das Pferd ist (noch) verkrampft und nicht locker. Oder es wehrt sich gegen harte Reiterhilfen oder eine unpassende Ausrüstung.

Das Pferd schüttelt den Kopf: Kurzes Kopfschütteln ist ein Zeichen für Stress oder Frust, ständiges Kopfschütteln kann auf Schmerzen verschiedenster Art hindeuten.

Kauen, lecken der Lippen: Meist nach einer kurzen Anspannung, das Pferd sagt: „Puh, überstanden."

aufzubauen. Du nimmst sie so weit an, dass du das Maul gerade eben spürst. Wenn das Pferd nun losgeht, streckt es den Kopf etwas vor. Gib ihm dafür den Zügel leicht nach. Im Schritt nickt es mit dem Kopf auf und ab. Dieser Bewegung musst du mit den Händen folgen. Die leichte Verbindung soll also bestehen bleiben, der Zügel darf nicht schlackern.

Das ist schon ganz schön schwierig, Schultern, Arme und Hände müssen ganz locker sein, damit es klappt.

Wenn du eine Kurve in der Ecke der Bahn reitest, drehst du die Schulter etwas nach innen, dabei geht automatisch deine innere Hand leicht zurück und die äußere vor – das ist schon alles.

Möchtest du anhalten, machst du dich wie

Das Mädchen reitet mit einem gebisslosen Zaum und hält eine weiche Verbindung zum Pferdekopf.

fassen, aber die Verbindung bleibt genauso leicht wie im Schritt. Im Galopp federn deine Arme und Hände mit den Pferdesprüngen mit.

All das hört sich vielleicht einfach an, aber bis du das einigermaßen kannst, wird eine Weile vergehen. Lass dich nicht entmutigen, das geht allen so. Du musst schließlich auf deinen Körper achten und gleichzeitig auf das Pferd und dann noch eure Bewegungen koordinieren.

Nur im Film oder in Büchern lernen die Kinder in ein paar Wochen fantastisch reiten, im wahren Leben dauert das länger. Aber das ist ja nicht schlimm, sondern eine spannende Zeit!

Am Wichtigsten sind Geduld, gute Laune und Sicherheit. Reite also immer mit Reithelm und eventuell auch mit Sicherheitsweste.

Übrigens: Auch beim Reiten kannst du Abwechslung einbauen, indem du das Pferd über Stangen oder Dualgassen oder im Slalom um Pylonen dirigierst.

Und wenn du in allen drei Gangarten sicher auf dem Pferderücken sitzt, kannst du einen ersten Ausritt wagen. Es geht nichts über einen Trab auf weichen Waldwegen oder einen kleinen Galopp über eine Wiese!

Reite aber immer nur in Begleitung ins Gelände, nie allein.

Damit du den Pferderücken im Trab und Galopp entlasten kannst, sollte das Pferd bei einem Ausritt einen richtigen Sattel tragen.

oben beschrieben schwer im Sattel und gibst mit der Stimme das Kommando zum Anhalten. Reagiert das Pferd nicht gleich, probiere es noch einmal. Passiert auch dann nichts, ziehe nach der Gewichtshilfe leicht die Zügel an. Das signalisiert dem Pferd „Stopp!". Mache das aber nur sacht, nie plötzlich und mit einem Ruck, das tut dem Pferd weh. Ziehe auch nicht lang, sondern nur einen Moment, dann lass gleich wieder nach, bis du wieder den zarten Kontakt spürst.

Es kann sein, dass du dieses Annehmen der Zügel anfangs zwei- bis dreimal wiederholen musst, ehe das Pferd steht.

Im Trab bewegt sich der Pferdekopf weniger, hier kannst du die Zügel ein wenig kürzer

Auch Mika reitet Ostwind manchmal nur mit einem Halsring.

Extra: Reiten mit Halsring

Ein Halsring ist ein Ring aus weichem oder starrem Seil, den du dem Pferd um den Hals legst. Du fasst ihn mit beiden Händen oder mit einer Hand und steuerst damit das Pferd, du hast keine Zügel.

Kenzie Dysli reitet sogar schwierige Dressurlektionen nur mit einem Halsring. Das hat sie sehr lange geübt. Aber schon „Ganze Bahn" oder „Zirkel" auf dem Reitplatz machen mit Halsring viel Spaß. Voraussetzung dafür ist, dass du schon ungefähr weißt, wie du das Pferd mit deinem Körper, also deinem Gewicht und deinen Schenkeln, steuern kannst. Übe anfangs nur auf einem umschlossenen Platz mit einer Person am Boden, die notfalls eingreifen kann.

Reite zunächst einfach geradeaus an der Umzäunung entlang. Der Halsring liegt locker um den Pferdehals, du ziehst nicht daran und hältst dich nicht daran fest. In der Kurve unterstützt du die Wendung durch deine Körperdrehung, gleichzeitig schiebst du den Halsring ein Stück vor und legst ihn außen am Pferdehals an, also in einer Rechtskurve links an den Hals. Das Pferd soll dem Druck außen weichen und den Kopf nach innen in die Wendung nehmen. Das übst du einige Male in beide Richtungen. Du hältst an, indem du dich wieder schwer machst und den Halsring leicht anziehst. Klappt das gut, kannst du dich an einem Zirkel oder einer Volte versuchen. Es ist gar nicht einfach, nur mit dem Halsring einen runden Kreis hinzubekommen.

Habt ihr beide, du und das Pferd, das Prinzip verstanden, kannst du es auch mal im Trab versuchen. Teste aber zwischendurch immer wieder, ob sich das Pferd gut anhalten lässt. Es ist gefährlich, mit dem Pferd in hohem Tempo kreuz und quer über den Platz zu flitzen.

Bestimmt fühlst du dich langsam wirklich wie Mika, die auf Ostwind über die Felder fliegt. Bis du das tatsächlich machen kannst, braucht es zwar noch viele, viele Übungsstunden – aber deinem Traum bist du jetzt schon ein großes Stück näher gekommen!

Geübte Reiter können sogar mit Halsring ausreiten. Sie sollten aber trotzdem einen Reithelm tragen!

Ostwind und Mika – Penny und ich

Die häufigste Frage, die Fans von Ostwind an mich haben, ist immer: Kannst du reiten? Und: Hast du ein eigenes Pferd?
Wenn ich ehrlich bin, müsste ich auf beide Fragen antworten: ein bisschen. Ich kann ein bisschen reiten. Und mein Pferd ist ein Pony – also nur ein bisschen Pferd.

Lea Schmidbauer
(Autorin der *Ostwind*-Roman- und Filmreihe)

Vielleicht fange ich besser am Anfang der Geschichte an: Als ich vor einigen Jahren das Drehbuch zum Film „Ostwind – Zusammen sind wir frei" schrieb, hatte ich keine Ahnung von Pferden. Aber ich erinnerte mich gut an diesen Traum, den ich als Mädchen hatte: mich einfach auf den Rücken eines wilden Pferdes zu schwingen und los!

In meinem Traum waren mein Pferd und ich eine verschworene Einheit, es vertraute mir und ich konnte ganz selbstverständlich auf seinen Rücken steigen – und mich vor allem darauf halten, wenn es losgaloppierte.

Es fiel mir nicht schwer, daraus eine Geschichte zu machen. Die Geschichte von einem trotzigen Mädchen, das nicht reiten kann und dann entdeckt, dass es eine natürliche Gabe hat, Pferde zu verstehen.

Als ich dann die Gage für das fertige Drehbuch bekam, erfüllte ich mir endlich meinen Traum: Ich kaufte mir ein eigenes Pferd.

Wilde schwarze Andalusierhengste waren leider gerade nicht im Angebot, deshalb wurde es am Ende ein braunes Islandpony mit Kugelbauch.

Ich nannte es Penny und am Liebsten hätte ich mich sofort auf ihren Rücken geschwungen, hätte die Arme ausgebreitet und wäre mit ihr in den Sonnenuntergang geflogen. Und ziemlich genau in diesem Moment musste ich unsanft aus meinem Traum aufwachen. Denn Penny wollte nicht mit mir in den Sonnenuntergang reiten. Penny wollte überhaupt nirgends mit mir hinreiten, sie wollte bei ihren Pferdefreunden bleiben und mit ihnen über die Koppel toben.

Um es vorweg zu nehmen: Wir beide haben schließlich gelernt, Kompromisse zu machen. Und überhaupt haben wir viel voneinander gelernt. Denn unsere Beziehung ist ja nicht ganz unproblematisch: Ich bin ein Mensch und damit aus Pennys Sicht ein Jäger. Ich kann mich mit Sprache verständlich machen und kann Gefahren mit meinen Verstand einschätzen.

Penny dagegen ist im Grunde ein Beutetier. Ihr erster Instinkt ist immer: Flucht. Sie „spricht" ausschließlich mit ihrem Körper und reagiert deshalb sensibel auf feinste Veränderungen in ihrer Umwelt. Ein unschuldiger Holzstapel am Wegesrand kann da eine heftige Krise auslösen und der gelbe Wasserschlauch in meiner Hand ist ihrer Überzeugung nach ganz sicher eine *Boa constrictor*.

Unser Verhältnis war also zunächst voller Missverständnisse. Wenn sie nach dem Aufsteigen zu schnell loslief, hielt ich mich natürlich an ihr fest.

Und Penny dachte: „Ah. Du willst schneller? Kein Problem!"

Ich klammerte mich an sie. „Stopp! Ho! Nicht so schnell!"

Penny verstand: „Wow, noch schneller. Okay!" Erst wenn ich mich entspannte, locker lies und tief durchatmete – was auf einem rasenden Pony nicht wirklich einfach ist – hielt sie an. Oder auch nicht. Je nach Tagesform.

Und langsam begriff ich: Genau so wenig wie Penny mit Ostwind gemein hat, bin ich wie Mika.

Ich habe keinen sechsten Sinn für Pferde, ich kann sie nicht, wie Mika, intuitiv verstehen. Wir beide mussten uns also stattdessen langsam und geduldig einander annähern, mit Rückschlägen wie mit Fortschritten.

Aber vielleicht macht mir die Freundschaft zu diesem besonderen Wesen gerade deshalb auch so viel Spaß: Weil ich mich auf jemanden einlassen muss, der ganz anders ist als ich. Weil es unglaublich schön ist, wenn es gelingt, sich über die Grenze unserer Art hinweg zu verständigen.

Und weil sich die Anstrengung am Ende lohnt und wir dann doch zusammen in den Sonnenuntergang fliegen.

Hoffentlich. Vielleicht. Irgendwann.

Stichwortverzeichnis

A

Abschnauben 97
Abwechslung 59, 65, 76
Abwenden 35, 39, 73
Aggression 34
Angaloppieren 75, 96
Angst 22, 36, 47, 51, 79
Anhalten 63, 72, 85, 92, 97
Annäherung 40, 46
Anspannung 37, 46
Anti-Schreck-Training 81-82
Antraben 65, 75, 94
Atmung 46
Aufhalftern 61
Aufstampfen 34, 39
Aufstieghilfe 91

B

Beine kreuzen 67
Beschwichtigung 39, 76
Biegung 63
Bogenpeitsche 71
Boxenhaltung 19
Brummeln 32, 57
Buckeln 37, 72

C

Chiropraktiker 80
Clicker 60

D

Dösen 38
Drohung 34
Druck 51, 53, 61
Dualgassen 66, 98
Durchparieren 72

E

Entspannung 38

F

Fellsattel 91
Flehmen 26
Folgen 75
Freies Stehen 76
Freundschaft 12, 32, 50, 52
Fühlen(Haut) 26
Führen 53, 61, 84
Führseil 60

G

Gähnen 39
Ganze Bahn 100
Gelände 36, 68, 89
Gerte 59, 60, 62, 65, 68, 98
Gesichtsausdruck 29
Gleichgewicht 46, 67, 75, 88, 93

H

Halfter 28, 60, 87, 88
Halsring 100–101
Hengst 12–14, 23, 34, 42, 83
Herde 10–15, 20, 48
Holen 61, 86
Hören 25

I

Imponierverhalten 35
In Bewegung bringen 72

J

Junggesellengruppe 12

K

Kaltblüter 29
Kampf 33, 34
Kauen 18, 37, 97
Knotenhalfter 28, 60
Kolik 38, 42
Konsequenz 48
Konzentration 47
Koppen 42
Körper (Ausdruck) 30–31
Kurve 63, 66, 93, 97

L

Leckerli 49, 61, 75, 85, 86
Leithengst 13
Linda Tellington Jones 67
Lippen lecken 35, 37, 97
Lippen zusammenkneifen 28, 31, 37
Loben 59, 60, 64
Longe 95
Longierzirkel 70

N

Natural Horsemanship 15
Nüstern 28, 30, 32, 33, 34, 36, 97

O

Offenstall 20, 43
Ohren (Stellung) 25, 32, 34, 35, 36, 37, 38
Osteopath 80

P

Paddock-Trail 21
Panik 87

Pferdeauge 24
Pferdeshow 80
Position 28, 40, 46, 62
Position treibend 72, 73
Putzen 28, 33, 37, 46, 57, 87

Q
Quieken 27

R
Raum einnehmen 48, 71
Reithelm 91, 98
Reitpad/-kissen 91
Richtungswechsel 48, 73
Riechen 25
Rückwärts 53, 59, 64, 66

S
Scheuen 37, 81
Schlafen 22, 23, 43
Schlafplatz 21

Schmerzen 30, 37, 97
Schnappen 39, 59, 83
Schulterherein 76
Schweif 28, 30, 36, 37
Schweifschlagen 97
Sidepull 96
Slalom 66, 98
Spannung 46
Spiel 17, 23, 48
Spielgesicht 33
Stangen 65, 66, 98
Steigen 34, 76
Stimmsignal 59, 64
Stopp-Signal 40, 47, 63, 98
Stress 13, 14, 19, 37, 42, 60, 97

T
Tasthaare 25
Tempovariation 65
Tiefschlaf 23, 38
Travers 76

U
Unmut 34–35, 97

V
Vollblüter 20, 29
Vorstellung, innere 47

W
Wachen 23, 36
Wassertrense 96
Weben 42
Wendung 63, 100
Wiehern 27
Wut 23, 34, 51

Z
Zickzack 65
Zirkel 49, 73, 101

Bildnachweis

Umschlag
Artwork mit freundlicher Genehmigung von SamFilm GmbH und Alias Entertainment GmbH
Fotos: Tom Trambow

Innenteil
Alle Fotos stammen von Tom Trambow, mit Ausnahme von:
Vincente Chamorro: 52
Namay Dolphin: 44, 59 u., 60 re., 61, 63, 64 u., 65, 66, 72, 73, 74, 75, 76, 78, 79, 82 o., 86, 92 u., 93, 94 u., 95, 96
Gabriele Kärcher/Sorrel: 10, 11, 12, 13, 15, 17, 18, 19, 23, 25, 26, 27 li., 28, 29, 30/31, 32, 34, 35 o. re., 36, 37, 38, 41 o., 43, 45 u., 49 li, 57, 62 re., 68, 71, 82 u. li., 84, 92 o., 97, 99,
Heidi Korsch: 103
Tanja Romanazzi/Gut Heinrichshof: 21
Sabine Stuewer: 20, 27 re., 33, 35 Mitte und u., 39, 40, 41 u., 42, 45 o., 46, 48, 49 re., 50, 51, 60 li., 62 li., 69, 80 re., 81, 83, 85, 88, 89, 98, 101